PROCESSO LEGISLATIVO

SÉRIE ESTUDOS JURÍDICOS: DIREITO PÚBLICO

Tiemi Saito

Rua Clara Vendramin, 58 . Mossunguê . Cep 81200-170 . Curitiba . PR . Brasil
Fone: (41) 2106-4170 . www.intersaberes.com . editora@intersaberes.com

Conselho editorial Dr. Ivo José Both (presidente), Dr. Alexandre Coutinho Pagliarini, Drª Elena Godoy, Dr. Neri dos Santos, Dr. Ulf Gregor Baranow ▪ **Editora-chefe** Lindsay Azambuja ▪ **Gerente editorial** Ariadne Nunes Wenger ▪ **Assistente editorial** Daniela Viroli Pereira Pinto ▪ **Preparação de originais** Ana Maria Ziccardi ▪ **Edição de texto** Caroline Rabelo Gomes, Gustavo Piratello de Castro ▪ **Capa** Luana Machado Amaro ▪ **Projeto gráfico** Mayra Yoshizawa ▪ **Diagramação e *designer* responsável** Luana Machado Amaro ▪ **Iconografia** Regina Claudia Cruz Prestes

Dados Internacionais de Catalogação na Publicação (CIP)
(Câmara Brasileira do Livro, SP, Brasil)

Saito, Tiemi
   Processo legislativo/Tiemi Saito. Curitiba: InterSaberes, 2021. (Série Estudos Jurídicos: Direito Público)

   Bibliografia.
   ISBN 978-65-89818-56-4

   1. Processo legislativo 2. Processo legislativo – Brasil 3. Poder legislativo I. Título. II. Série.

21-64453   CDU-340.134

Índices para catálogo sistemático:

1. Processo legislativo: Direito 340.134

Cibele Maria Dias – Bibliotecária – CRB-8/9427

1ª edição, 2021.

Foi feito o depósito legal.

Informamos que é de inteira responsabilidade da autora a emissão de conceitos.

Nenhuma parte desta publicação poderá ser reproduzida por qualquer meio ou forma sem a prévia autorização da Editora InterSaberes.

A violação dos direitos autorais é crime estabelecido na Lei n. 9.610/1998 e punido pelo art. 184 do Código Penal.

Sumário

13 ▪ Prefácio
19 ▪ Apresentação
25 ▪ Introdução

Capítulo 1
29 ▪ **Atos normativos primários e processo legislativo**
33 | Atos normativos primários
36 | Processo legislativo
62 | Processo legislativo ordinário
65 | Processo legislativo sumário
68 | Processo legislativo abreviado
71 | Processo legislativo especial

Capítulo 2
73 ▪ **Lei complementar e lei ordinária**
79 | Processo legislativo ordinário: fase inicial
82 | Processo legislativo ordinário: fase constitutiva
104 | Processo legislativo ordinário: fase complementar

Capítulo 3
111 ▪ **Proposta de emenda constitucional**
113 | Limites do poder reformador
125 | Processo legislativo especial da proposta de emenda constitucional

Capítulo 4
129 ▪ Tratados internacionais de direitos humanos e comuns

134 | Tratados internacionais de direitos humanos via emenda constitucional

135 | Tratados internacionais de direitos humanos via ordinária

Capítulo 5
137 ▪ Lei delegada

140 | Limites à lei delegada

142 | Delegação típica e atípica

Capítulo 6
147 ▪ Medida provisória

153 | Limites à medida provisória

155 | Processo legislativo especial da medida provisória

Capítulo 7
169 ▪ Decretos legislativos

171 | Processo legislativo especial do decreto legislativo

Capítulo 8
173 ▪ Resoluções

176 | Processo legislativo especial da resolução

179 ▪ *Considerações finais*

183 ▪ *Lista de siglas*

185 ▪ *Referências*

193 ▪ *Sobre a autora*

"[...] em sua formulação, a lei deve ser razoável e geral, a fim de promover a igualdade dos cidadãos. [...] a lei não pode ser utilizada como instrumento em favor do governo, do contrário, a lei não assegurará a liberdade, mas tão somente o regime absolutista do monarca ou de eventual maioria".

(Nery Junior; Abboud, 2017, p. 505)

À Darlene Aparecida Bandeira Armstrong, pela carreira que percorreu como assessora parlamentar durante anos na Assembleia Legislativa do Estado do Paraná.

Tenho muito orgulho e gratidão por ti, mãe! Te amo.

Agradeço à minha mãe e ao meu pai por me ensinarem a lutar por aquilo em que acredito.

Agradeço à minha companheira de vida, meu amor, Ana Paula, com quem compartilho as conquistas, mas também divido a trincheira.

Agradeço aos meus irmãos pela parceria sempre, perto ou longe.

Agradeço à minha sogra, por todo apoio e carinho.

Agradeço ao amigo e mentor André Peixoto de Souza, quem, em mais um projeto, se fez presente.

Prefácio

Há três modos de se escrever um prefácio: com o coração, com a cabeça e fazendo-se uma mescla de *cor et cerebrum*[1].

Escritos impulsionados pelo coração, geralmente, incluem-se no gênero da poesia ou da novela; não que poetas e romancistas não tenham cérebro; eles pensam, e como pensaram Camões, Rimbaud e Guimarães Rosa! Contudo, o que impulsiona o escrito, no caso da poesia, é algum sentimento que atormenta o autor, um *feeling*: o desassossego para Fernando Pessoa; a indignação contra a política escravagista para Castro Alves; o amor

---

[1] "Coração e cérebro", em latim.

que Dirceu (Tomás Antônio Gonzaga) nutria por Marília. Todos esses escritores são grandes maestros da língua e da linguagem.

Entretanto, considere os escritos de dois autores do chamado Wiener Kreis[12]: Ludwig Wittgenstein e Hans Kelsen. Leve em conta também o pensamento prévio e novidadeiro de René Descartes, bem como o do pai de todos eles: Aristóteles. No campo da física e da química, lembre-se de Albert Einstein e de Marie Curie. O traço que marca todos eles é o cérebro. Não que não tenham cérebro os poetas ou os romancistas; é claro que o têm! Mas não foi a curiosidade da descoberta científica – mediante a necessidade comprobatória – que moveu Machado de Assis a criar a dúvida sobre a fidelidade de Capitu a Bentinho no clássico *Dom Casmurro*. Ao contrário, foi justamente a curiosidade científica impulsionada pelo querer descobrir e pelo poder comprovar que levou Galileu a demonstrar, de uma vez por todas, que a Terra não é o centro do movimento dos astros. Tanto isso é verdade que todos sabem que a Terra não é o centro gravitacional do universo, mas ninguém sabe se Capitu se deitou ou não com outro homem.

Há cientistas que escrevem com o cérebro e com o coração. É o caso de Darcy Ribeiro, grande antropólogo de Minas Gerais e do Brasil. Ao criar o livro *O povo brasileiro*, Darcy o fez com os conhecimentos científicos que a experiência de antropólogo lhe transmitiu. Por exemplo, ele afirmou que a matriz fundamental da brasilidade é a mescla de indígenas com portugueses e

---

2   Círculo de Viena.

africanos, a qual ocorreu em razão da política do cunhadismo imposta pelo *status quo* europeu. Foi pelo cunhadismo que homens portugueses, mediante violência, cruzaram com mulheres índias e escravas africanas, resultando em descendentes mamelucos e mulatos, respectivamente. Após tal comprovação **científica, Darcy demonstra toda a sua indignação com esse fato histórico, que representa um estupro coletivo de homens brancos contra mulheres índias e africanas, fazendo-o com o coração e com lágrimas nos olhos.** Todavia, na mesma desgraça, esse autor percebeu a grande virtude do povo brasileiro: a miscigenação, responsável pela matriz luso-índio-afro de nosso país. País este que, da forma mais natural possível, recebeu as grandes correntes de imigrantes após a abolição da escravidão, incluindo-se entre os bem-vindos todos os que quiseram aportar nesse porto seguro chamado *Brasil*, destacando-se japoneses, italianos, árabes e alemães. Aqui, entram os antepassados de Tiemi Saito...

Pois bem: anuncio que doravante escreverei este prefácio na primeira pessoa do singular e usando *cor et cerebrum*.

O meu relato, de coração, sobre Tiemi é o seguinte: vi-a pela primeira vez quando se sentava na sala de aula em que eu ensinava Direito Constitucional. Os meses foram passando e Tiemi, **a japonesinha belíssima, inteligente, perspicaz e curiosa**, sempre me fazia perguntas e vinha conversar comigo após a aula, isso quando eu não saía correndo para lecionar mais uma aula. Depois disso, parti rumo ao meu exílio nordestino, em Aracaju, onde tive a felicidade de permanecer até 2014. Quando voltei para Curitiba, em 2015, lá estava Tiemi novamente, mas, dessa vez, ocupando a posição de professora.

Os tempos se sucederam e, muito rapidamente, Tiemi adicionou à responsabilidade professoral o papel de importante partícipe do processo decisório das autoridades da Uninter, onde passou a ocupar postos de destaque. Como aluna ou como administradora, Tiemi é, de qualquer modo, uma amiga – que boa sorte a minha!

Ela é a representação fidelíssima de todo o imaginário do Japão em minha mente poética: nela, unem-se a formosura da cerejeira florida e a eficiência com que os nipônicos lidam com números e *business*, adicionando-se a isso o fato de Tiemi, de origem oriental, ser brasileira e, portanto, a realização em pessoa da dócil hospitalidade de nosso povo, que recebeu em seu território os antepassados de Tiemi e lhes propiciou a oportunidade de prosperar.

Nesse sentido – e retomando o lado bom do cunhadismo –, o Brasil é o verdadeiro e mais impressionante *melting pot* do mundo, não os Estados Unidos.

Terminando meu coração de relatar o fenômeno Tiemi, analisarei, em seguida, este livro, fazendo-o com meu cérebro.

O livro se intitula *Processo legislativo*. É um título simples. Mas acredito que é no simples que se encontra a essência. Pelé era simples; quando ele deu aquele drible mirabolante (em meia-lua) no goleiro uruguaio Mazurkiewicz, o camisa nove, Tostão, perguntou-lhe: "O que é isso? Como fez isso?". Respondeu-lhe o gênio mineiro de Três Corações: "Fiz porque não tinha outro jeito de eu me livrar do goleiro". Pelé protagonizou o lance mais inexplicável da história do futebol porque era o mais simples de se fazer. Logo, conclui-se que Pelé aliava erudição e simplicidade. E, de fato, em nenhum campo do saber a erudição tem a permissão para ser orgulhosa de si. Pelo contrário, só há erudição na simplicidade. Mas voltando ao livro de Tiemi, percebo nele aquilo que gostaria que meus professores de Direito Constitucional tivessem me ensinado sobre como se produzem normas jurídicas gerais e abstratas no Brasil, ou seja, erudição aliada à simplicidade no lecionar o processo legislativo.

O livro é erudito porque é feito com talento e com base em importantes referências bibliográficas, mas também porque Tiemi escreve magistralmente; todavia é simples, porque a autora não se apegou ao rebuscamento das benfeitorias voluptuárias que levam qualquer leitor a achar tudo muito enfadonho e, consequentemente, desejar dormir profundamente.

Digo aqui: fiquem alertas ao lerem este livro! Nele, aprenderemos as minúcias sobre os passos para a criação, em âmbito federal, de todas as normas jurídicas gerais e abstratas brasileiras, sendo elas, entre outras: as emendas constitucionais, as leis complementares, as leis ordinárias e os tratados internacionais. Sim, a autora teve a ousadia de incluir em seu livro os tratados internacionais, e essa coragem se deve ao fato de o constituinte de 1988 ter-se esquecido de fazer referência às convenções internacionais na redação final do artigo 59 da Carta em vigor. Portanto, em vez de calar-se – e isso teria sido mais fácil, ninguém perceberia – Tiemi foi além.

Este é um livro essencial, destinado não só aos profissionais do direito, mas também aos cidadãos brasileiros, pois a autora é brilhante, erudita e simples. E é com esses atributos que ela rende especial homenagem ao povo brasileiro quando disserta sobre as possibilidades de iniciativa popular para impulsionar oficialmente o processo legislativo no Brasil.

Para finalizar, ressalto que Tiemi publica este livro pela InterSaberes, editora que o Centro Universitário Internacional – Uninter disponibilizou para que brasileiros e estrangeiros veiculem seus escritos, com distribuição nacional e de modo justo, erudito e simples, como deve ser e como foram Pelé e Galileu. Querem mais?

Curitiba, outono de 2021.
Alexandre Coutinho Pagliarini
Pós-doutor em Direito Constitucional pela Universidade de Lisboa. Doutor e mestre em Direito do Estado pela Pontifícia Universidade Católica de São Paulo (PUC-SP). Professor-titular do mestrado e da graduação em Direito do Centro Universitário Internacional Uninter

Apresentação

A construção do ordenamento jurídico e sua constante transformação – para acompanhar os largos passos impostos pelas mudanças sociais – tornam-se possíveis por meio do processo legislativo, cujas garantias de legalidade, estabilidade, segurança jurídica e do próprio contexto democrático do Estado de direito exigem, necessariamente, regras procedimentais prévias.

Como explica Barcellos (2020, p. 349), o processo legislativo brasileiro é o "conjunto de etapas e fases ordenadas que conduz à elaboração das espécies legislativas. As regras básicas dele são definidas pela Constituição e sua violação tem como consequência a inconstitucionalidade formal da espécie legislativa que venha a ser afinal promulgada".

O domínio desse conteúdo é essencial porque regula a legalidade e a constitucionalidade das leis (*lato sensu*) que regem a administração pública, as relações civis, a economia nacional, as relações internacionais, as proteções e garantias aos direitos humanos, a previsão de direitos e deveres, entre tantos outros fenômenos da vida humana em sociedade.

Desse modo, a presente obra é destinada a todos aqueles que buscam compreender a atividade legiferante como ferramenta de garantia da democracia, instrumento de constituição de direitos e obrigações e processo de produção e renovação do ordenamento jurídico pátrio.

Nesta obra, buscamos expressar, de modo claro e objetivo, a forma como são elaborados os atos normativos primários que regulam a vida em sociedade. Nosso objetivo, portanto, é abordar cada uma dessas espécies normativas (emenda à Constituição, lei complementar, lei ordinária, lei delegada, medida provisória, decreto legislativo e resolução) cuja previsão constitucional define e estabelece sua respectiva competência material, seus requisitos formais e as limitações circunstanciais, o que exige um rito procedimental específico.

Para que seja possível a compreensão da atividade legiferante como um todo, é importante notar que ela é tipicamente exercida pelo Poder Legislativo, mas, atipicamente, também pelo Poder Executivo, além da possível atuação dos demais legitimados a apresentar projeto de lei (complementar e ordinária), como membros ou comissões da Câmara dos Deputados, do Senado Federal ou do Congresso, presidente da república, Supremo Tribunal Federal (STF), tribunais superiores, procurador--geral da república e os próprios cidadãos, por meio da iniciativa popular.

No Capítulo 1, apresentaremos noções gerais acerca dos atos normativos primários previstos no texto constitucional. São eles: emenda constitucional, lei complementar, lei ordinária, lei delegada, medida provisória, decreto e resolução. Também traçaremos os conceitos de iniciativa, quórum de aprovação e princípios que norteiam o processo legislativo e seus respectivos ritos.

Abordando efetivamente o âmbito da elaboração dos atos normativos, analisaremos as quatro modalidades de processo legislativo: (1) o processo legislativo ordinário (comum); (2) o processo legislativo sumário; (3) o processo legislativo abreviado; e (4) os processos legislativos especiais.

De maneira geral, o processo legislativo ordinário (comum) encontra respaldo legal nos arts. 61 e 63 a 67 da Constituição Federal (CF), sendo detalhado nos regimentos internos da Câmara dos Deputados, do Senado Federal e do Congresso Nacional. É o processo adotado para a criação das leis ordinárias e, em linhas gerais – ressalvadas algumas peculiaridades –, das leis complementares.

O processo legislativo sumário encontra previsão no art. 64 da CF e, apesar de composto das mesmas fases e atos do processo legislativo ordinário, está sujeito ao regime constitucional de urgência, por determinação do presidente da república, em razão de que lhe são impostos prazos peremptórios para a tramitação, sob pena de trancamento de pauta da respectiva casa legislativa.

Por sua vez, o processo legislativo abreviado corresponde a uma verdadeira delegação interna *corporis*, ou seja, é a possibilidade de o projeto de lei ser discutido e votado apenas pelas comissões das casas legislativas, nos termos do Regimento Interno da Câmara dos Deputados, do Senado Federal e do Congresso Nacional.

Já os processos legislativos especiais aplicam-se à elaboração das emendas constitucionais, das leis delegadas, das medidas provisórias, dos decretos legislativos, das resoluções e, de acordo com parte da doutrina, das leis complementares. As fases de elaboração desses atos normativos diferenciam-se em maior ou em menor grau do processo legislativo ordinário.

No Capítulo 2, trataremos de cada um desses atos normativos detalhadamente, desenvolvendo suas características materiais, formais e circunstanciais, bem como seus respectivos processos legislativos de elaboração.

No Capítulo 3, abordaremos a proposta de emenda constitucional, seus limites e processo legislativo especial.

No Capítulo 4, o tema são os tratados internacionais de direitos humanos e os comuns, uma vez que eles podem, conforme posicionamento do STF, ser recepcionados pelo ordenamento jurídico pátrio como norma de natureza constitucional, norma supralegal ou lei ordinária, a depender do trâmite processual legislativo que for adotado. Por esse motivo, também são objeto de análise desta obra, mesmo que não componham diretamente o rol dos atos normativos primários.

No Capítulo 5, explanaremos sobre a lei delegada e suas formas de delegação e, em seguida, no Capítulo 6, apresentaremos as medidas provisórias, seus limites materiais e formais e o processo legislativo especial.

Os decretos legislativos e seu respectivo processo legislativo especial, bem como diversos exemplos de sua utilização na prática serão objetos de estudo do Capítulo 7.

Por fim, no Capítulo 8, abordaremos as resoluções e seu respectivo processo legislativo especial de elaboração.

Em síntese, ao longo desta obra, traçaremos um panorama geral da atividade legiferante, compreendendo cada ato normativo primário, seus critérios de elaboração e a condução de seus respectivos processos legislativos.

Bons estudos!

Introdução

A formação das leis (*lato sensu*) encontra suas raízes nos respectivos aportes culturais, econômicos, políticos, ideológicos e circunstanciais vigentes em determinado contexto histórico, com base nos quais a sociedade prospecta para o presente e para o futuro (concomitantemente) seus anseios e suas necessidades. Portanto, é possível dizer que "cada período histórico tem seu próprio momento para determinadas realizações" (Venosa, 2019, p. 157), pois o direito, como condutor e ao mesmo tempo reflexo da própria história, deve ser um contínuo acumular de experiências.

Com base nessa perspectiva, temos, principalmente nos países de tradição do *civil law*, a lei como fonte precípua do direito, que, ao regular os acontecimentos sociais, objetiva representar a vontade da maioria, uma vez que se trata de instrumento de manutenção do Estado democrático de direito. Portanto, "em face do sufrágio universal, o Legislativo detém a representatividade da maioria, por consequência, em tese, os atos legislativos (leis) refletem a aspiração da maioria" (Nery Junior; Abboud, 2017, p. 501).

Nesse sentido, "o direito, para ser considerado uma ordem, deve legitimar o aparelho público a atuar como uma fonte de produção de disposições de comando que devem ser compulsoriamente observadas" (Alberto, 2020, p. 36), de modo que a criação das normas que regulam os fatos sociais deve, por uma razão de garantia legal, observar um conjunto de regras e atos constitucionalmente predefinidos que compõem o processo legislativo.

Constitui premissa fundamental para o avanço do presente estudo a compreensão prévia acerca da tripartição dos Poderes da União e sua atuação de maneira independente e harmônica, nos termos do art. 1º, parágrafo único, da Constituição Federal (Brasil, 1988). Assim, cada poder exerce funções típicas e atípicas.

Por um lado, cumpre ao Poder Legislativo, como função típica, a produção de leis que garantam a vontade da maioria por meio da representatividade parlamentar, a fim de "garantir que as aspirações da maioria da sociedade sejam protegidas e refletidas no conteúdo da produção legislativa, daí a intrínseca relação do Legislativo com a própria existência da democracia" (Nery Junior; Abboud, 2017, p. 541).

Por outro lado, o Poder Executivo também pode desempenhar competências legislativas primárias no exercício de sua função atípica quando, em situação de urgência e relevância, por exemplo, houver a necessidade de editar uma medida provisória, com força de lei, ou quando, mediante delegação do Poder Legislativo, seja autorizado a editar uma lei delegada.

Ao Poder Judiciário cabe o controle judicial preventivo de constitucionalidade, consubstanciado em "precedentes no Supremo Tribunal Federal [STF], onde através de mandado de segurança, um grupo de parlamentares pretendia sobrestar a tramitação de projeto de emenda à Constituição por ofensa a esse mesmo devido processo legislativo constitucional" (Motta, 2019, p. 621), bem como, de forma atípica, deflagrar o processo legislativo nos casos estabelecidos pela Constituição Federal (CF) (Brasil, 1988, art. 93).

Concluímos, portanto, que "em um Estado constitucional fundado na separação de Poderes, a regra é que o Legislativo desempenhe a função legislativa, isto é, pratique os atos de criação do direito positivo e inovação da ordem jurídica" (Barcellos, 2020, p. 347). É possível que os demais poderes atuem de maneira atípica junto ao processo de elaboração dos atos normativos, todavia, "tais atribuições, como natural, não eliminam as do

Congresso Nacional (e dos Legislativos estaduais e municipais, cada qual no seu âmbito de competência), que continua a ser o principal órgão de criação de atos legislativos" (Barcellos, 2020, p. 347).

    Outro aspecto que necessariamente influencia o processo de elaboração dos atos normativos é o bicameralismo do Poder Legislativo no âmbito federal, de modo que as deliberações e votações devem, em regra, tramitar tanto na Câmara dos Deputados quanto no Senado Federal, havendo, ainda, matérias e atos cuja competência é do Congresso Nacional.

Capítulo 1

*Atos normativos primários
e processo legislativo*

A estrutura do ordenamento jurídico pátrio foi projetada pelo Poder Constituinte a fim de estabelecer a garantia central do Estado democrático de direito, vinculando-se, principalmente, a três fins específicos do ponto de vista constitucional: (1) proporcionar a participação democrática dos titulares do poder político; (2) viabilizar condições elementares para o tratamento isonômico dos indivíduos; e (3) manter a segurança jurídica (Barcellos, 2020).

Em uma sociedade plural, não há consenso sobre a maioria das problemáticas sociais – para não dizer 100% delas. Como explica Barcellos (2020, p. 348):

> Os problemas são complexos, as pessoas têm visões diferentes e é no debate público que as soluções serão negociadas e definidas. A legalidade é o veículo desse processo, já que o parlamento, em primeiro lugar, reúne diferentes visões e perspectivas existentes na sociedade (sobretudo considerando o sistema eleitoral proporcional).

Sendo assim, o processo legislativo permite a participação democrática na formação legislativa, ainda que por meio de representantes.

Ademais, a generalidade e a abstração normativa que a legalidade formal propicia substituem a imposição da vontade individual, quiçá arbitrária, do governante em favor da igualdade. Essa prerrogativa não exime a lei de consagrar possíveis tratamentos discriminatórios, preconceituosos, racistas, machistas, entre outros, uma vez que são, inevitavelmente, frutos de determinada cultura historicista. Todavia, afasta a possibilidade de que um soberano imponha sob seu próprio crivo regras a quem e quando melhor lhe aprouver.

Por fim, a lei formal deve sempre buscar a garantia da segurança jurídica, de modo a proporcionar

> estabilidade para o passado e previsibilidade para o futuro. Em nome da estabilidade, protegem-se os atos pretéritos e seus efeitos, abrigando-os em categorias como ato jurídico perfeito, direito adquirido e coisa julgada. A previsibilidade visa permitir o planejamento da própria conduta e o resguardo das expectativas. (Barcellos, 2020, p. 349)

A Constituição Federal (CF) estabelece o rol de atos normativos primários que compõem o ordenamento jurídico pátrio e define em que compreende o processo legislativo:

> Art. 59. O processo legislativo compreende a elaboração de:
>
> I – emendas à Constituição;
>
> II – leis complementares;
>
> III – leis ordinárias;
>
> IV – leis delegadas;
>
> V – medidas provisórias;
>
> VI – decretos legislativos;
>
> VII – resoluções. (Brasil, 1988)

Os atos normativos primários têm como fonte de existência a própria CF e sua competência é inovar a ordem jurídica (Motta, 2019). Já os atos normativos secundários retiram sua força jurídica dos atos normativos primários, sem a prerrogativa de criar direito novo, não sendo regidos, portanto, pelo processo legislativo.

Considerando os diversos atos normativos primários – conforme vimos no art. 59 da CF – e suas especificidades formais, materiais e circunstanciais, o processo legislativo se subdivide em ordinário comum, sumário, abreviado e especiais. Em síntese, "o **processo legislativo comum/ordinário**, que rege a edição de leis ordinárias, o **sumário**, caracterizado pela previsão de um prazo para a deliberação do Congresso, e os **especiais**, a que se subordinam a criação das demais espécies normativas e as leis financeiras" (Nery Junior; Abboud, 2017, p. 557, grifo nosso). Além do **abreviado**, no qual são realizadas a deliberação e a votação pelas comissões parlamentares quando é dispensada, na forma do regimento interno, a competência do plenário.

Há, portanto, etapas fundamentais para esses processos, que devem ser observadas para a feitura de cada um dos atos normativos primários, os quais nada mais são do que espécies normativas, cuja previsão constitucional elencou para estruturação e constituição de seu ordenamento jurídico pátrio.

— 1.1 —
Atos normativos primários

A edição dos atos normativos, geralmente, justifica-se pela necessidade inevitável de que o direito possa acompanhar as mudanças sociais.

O Poder Legislativo, por meio do exercício de sua função típica de legislar, promove a edição dessas normas para que o arcabouço jurídico esteja apto a regulá-las, orientá-las, garantir direitos, prever orçamentos, ratificar tratados, entre tantas outras finalidades que as normas jurídicas (*lato sensu*) apresentam.

Desse modo, o estabelecimento prévio de regras procedimentais, materiais e formais é o que torna possível a garantia da legalidade desses atos e, se necessário, posterior controle de constitucionalidade. Para tanto, o Poder Constituinte tomou a cautela de declarar que o processo legislativo compreende a elaboração dos atos primários, como citado no art. 59 da CF.

Há doutrinadores que se referem a essas espécies **normativas primárias** como normas *constitutivas de direito novo*, uma vez que "trazem algo de novo ao ordenamento" (Fernandes, 2010, p. 667), diferenciando-se das **normas secundárias** (*infralegis*), que se caracterizam como atos regulamentares, cujo fundamento de validade se estabelece com base em um ato normativo primário. Nesse sentido, os decretos regulamentares expedidos pelo Poder Executivo, de acordo com as suas competências constantes no art. 84, inciso IV, da CF/1988, que não são objeto do processo legislativo, constituem bons exemplos de normas secundárias.

Sobre o assunto, Bernardi (2011, p. 123) explica que

> o decreto e o regulamento são emitidos pelo Presidente da República com objetivo de aclarar a lei, ou seja, facilitar a sua execução. Eles possuem base constitucional, como foi visto, pois são normas secundárias, ou seja, sua existência depende de uma norma primária, que lhe dará validade.

Figura 1.1 – Pirâmide hierárquica das normas jurídicas

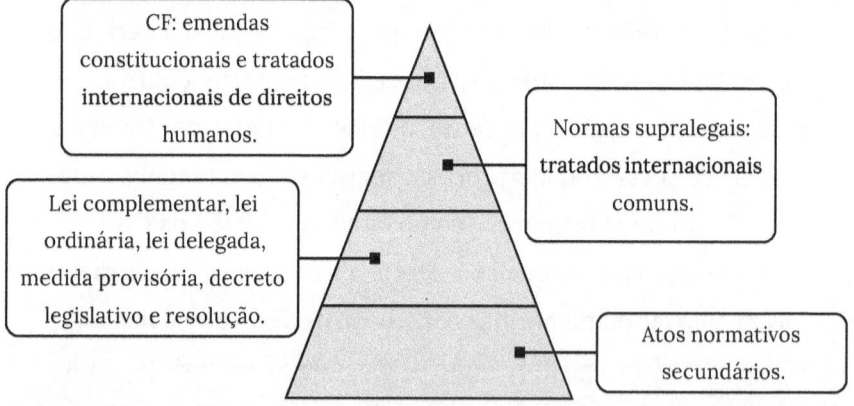

É importante lembrar também que o ordenamento jurídico mantém uma hierarquia estabelecida entre as normas, o que se justifica pela definição constitucional acerca da matéria e da finalidade de cada ato normativo e reflete na dificuldade ou não de sua alteração por meio do processo legislativo.

Sobre o assunto, Bulos (2010, p. 519) sustenta que

> se inexistisse hierarquia entre as espécies normativas do art. 59, uma resolução desempenharia o mesmo papel de uma medida provisória; uma emenda à Constituição penetraria na esfera residual das leis complementares; leis ordinárias interfeririam na seara das leis delegadas, e assim por diante.

De maneira que "ao se concretizarem na ordem jurídica, evidente que existe hierarquia, porque o constituinte elege quais os temas devem ser regulados por uma ou outra espécie normativa" (Bulos, 2010, p. 519).

A CF está no topo da pirâmide legislativa brasileira, regulando e norteando todo o ordenamento jurídico, o que fundamenta, por exemplo, o sistema de controle de constitucionalidade. Assim, as emendas constitucionais e os tratados internacionais de direitos humanos (art. 5, § 3º, da CF/1988), aprovados pelo rito do art. 60 da CF/1988, seguem um processo legislativo mais rigoroso do que as demais leis.

Na sequência, encontram-se os tratados internacionais comuns ou de direitos humanos, ratificados de forma ordinária, que ocupam uma posição pouco definida pela CF, mas são interpretados pela jurisprudência como normas supralegais. Sobre o assunto, a emblemática decisão do Supremo Tribunal Federal (STF) que firmou entendimento sobre a prisão civil com base no *Pacto de San Jose da Costa Rica* é um conteúdo de extrema relevância, cuja leitura é recomendada. Em seguida, vêm os atos normativos primários (art. 59 da CF/1988) e, por fim, os atos normativos secundários, que são apenas regulatórios.

Como vimos, cada ato normativo tem especificidades no que se refere à sua finalidade e às competências formais e materiais, por isso o trâmite de edição também é diferente, isto é, o processo legislativo não é comum a todos eles.

A seguir, detalharemos o que é o processo legislativo e quais suas principais características, aprofundando o assunto ao longo dos próximos capítulos.

— 1.2 —
Processo legislativo

O processo legislativo é o meio pelo qual são elaborados os atos normativos primários. É composto de um "conjunto de fases e atos preordenados que visam à produção (elaboração) das leis em nosso ordenamento jurídico" (Fernandes, 2010, p. 667). Segundo Silva (2014, p. 442), entende-se como o "o conjunto de atos (iniciativa, emenda, votação, sanção, veto) realizados pelos órgãos legislativos visando à formação das leis constitucionais, complementares e ordinárias, resoluções e decretos legislativos".

Portanto, é o processo pelo qual ocorre o andamento de atos que constituem a feitura das leis entre as casas legislativas em nível federal, cujas regras básicas se aplicam aos estados e aos municípios mediante atenção ao princípio da simetria no que for cabível.

Nesse sentido, um fator importante a ser considerado, pois gera reflexos diretos nas fases do processo legislativo, é que, em razão do bicameralismo estrutural do Poder Legislativo, a logística legiferante se desenvolve também de forma bicameral, ao observar critérios de proposição de projetos de lei, quóruns de aprovação, princípios, entre outros (considerando-se o contexto federal).

Em síntese,

> a criação das espécies normativas elencadas na CF 59 se sujeita à observância de um processo legislativo constitucionalmente disciplinado, no qual, via de regra, participam ambas as câmaras legislativas. A edição das leis (*lato sensu*) se realiza por intermédio de um procedimento, isto é, de um conjunto concatenado de atos lógica e cronologicamente organizados, dispostos pelo constituinte. (Nery Junior; Abboud, 2017, p. 556)

Salientamos que, uma vez que a CF estabelece o processo por meio do qual os atos normativos serão editados, o descumprimento dessas regras resulta na inconstitucionalidade formal da norma, inclusive, os parlamentares que tiverem o direito subjetivo ao devido processo legislativo violado podem impetrar mandado de segurança[1]. Por exemplo, se um projeto de lei de iniciativa privativa do presidente for apresentado por um deputado federal, esse vício pode acarretar a declaração de

---

1 Conferir Mandado de Segurança n. 22.503-3/DF, julgado em 8 de maio de 1996 (Brasil, 1997b).

inconstitucionalidade da norma pelo STF em razão da não observância de seus critérios formais.

Ademais, como explica Motta (2019, p. 621), "o desrespeito a qualquer das regras constitucionais relativas ao processo legislativo caracteriza inconstitucionalidade formal do ato legislativo, passível de reconhecimento em sede de controle difuso ou concentrado de constitucionalidade". Por essa razão, é essencial a compreensão de alguns aspectos do processo legislativo, os quais diferem para cada ato normativo primário e, efetivamente, demarcam suas fases de elaboração. São eles:

- **Iniciativa** – Ato de proposição do projeto de lei por meio do qual aquele que é legitimado para tanto o apresenta a uma das casas legislativas, tudo em conformidade com os critérios constitucionais previamente estabelecidos.
- **Quórum de presença e de aprovação** – Define quantos parlamentares precisam votar favoravelmente para que o projeto de lei possa seguir o trâmite legislativo e, ao final, tornar-se lei.
- **Matérias a serem legisladas** (e limites a esse alcance) – São exigidas por cada ato legislativo, de modo que a CF especifica-as para que sejam tratadas por meio de atos normativos primários específicos, dependendo dos casos de legitimidade, conteúdo ou relevância e urgência.

— 1.2.1 —
Iniciativa legislativa

A iniciativa é a fase introdutória do processo legislativo e "identifica a possibilidade que a Constituição atribui a alguém de desencadear o processo, apresentando ao Poder Legislativo uma proposta/minuta de uma proposição legislativa (em geral denominada de anteprojeto), para que ele a examine, discuta, e, se for o caso, venha a submetê-la a votação" (Barcellos, 2020, p. 350). Desse modo, a iniciativa desencadeia todo o restante do trâmite de elaboração das leis, sendo passível, inclusive, de controle de constitucionalidade formal caso as regras de proposição não sejam observadas.

Considerando a diversidade de atos normativos primários, bem como o fato de que cada um deles é voltado a matérias e fins específicos, a legitimidade para que se exerça a iniciativa dos processos legislativos também será diferente para cada ato. Nesse sentido, é necessário analisar as espécies de iniciativas que compõem a fase de deflagração dos processos legislativos.

A **iniciativa parlamentar** é exercida por senadores ou deputados, o que compreende, por extensão, as comissões de senadores ou de deputados de suas respectivas casas legislativas. A **iniciativa extraparlamentar** é atribuída aos legitimados que não componham a Câmara dos Deputados ou o Senado Federal, como o presidente da república, o STF, os Tribunais Superiores, o Procurador-Geral da República e o povo, conforme garante o art. 61, parágrafo 2º, da CF/1988.

Há, ainda, uma iniciativa que respalda a soberania popular, a qual é "exercida pelo sufrágio universal e pelo voto direto e secreto, com valor igual para todos, e, nos termos da lei, mediante: I – plebiscito; II – referendo; III – **iniciativa popular**" (Brasil, 1988, art. 14, grifo nosso).

Trata-se da possibilidade de o eleitorado nacional deflagrar o processo legislativo quando se tratar especificamente de lei complementar ou lei ordinária, mediante proposta de "no mínimo, um por cento do eleitorado nacional, distribuído pelo menos por cinco Estados, com não menos de três décimos por cento dos eleitores de cada um deles" (Brasil, 1998, art. 13).

A elaboração de leis por meio da **iniciativa popular** não é uma prática fomentada ou incentivada no Brasil. No entanto, vale destacar a Lei n. 8.930, de 6 de setembro de 1994 (Brasil, 1994a) – que culminou na modificação da Lei de Crimes Hediondos – Lei n. 8.072, de 25 de julho de 1990 (Brasil, 1990) –, pois seu projeto de iniciativa popular, conhecido como *Projeto de Lei Glória Perez*, reuniu mais de 1 milhão e 300 mil assinaturas. Todavia, ele foi encaminhado pelo presidente da república – que tinha autonomia para deflagrar o processo legislativo –, por meio da

Mensagem n. 571, de 8 de setembro de 1993 (Brasil, 1993a), razão pela qual consta no *site* da Câmara dos Deputados como projeto de lei de coautoria do Executivo e da iniciativa popular e no *site* do Senado Federal como de autoria apenas do presidente da república (Lenza, 2013).

A **iniciativa vinculada** "é atribuída a um legitimado que é obrigado a dar início ao processo legislativo, na forma e prazo estabelecido na Constituição. Portanto, o legitimado está vinculado a um prazo e a uma forma previamente definidas no diploma constitucional" (Fernandes, 2010, p. 671). Como exemplos desses projetos de lei que devem ser, obrigatoriamente, enviados pelo Poder Executivo ao Legislativo nos prazos já estipulados pelo texto constitucional, têm-se as iniciativas de leis orçamentárias, como a Lei do Plano Plurianual (PPA), a Lei Orçamentária Anual (LOA) e a Lei de Diretrizes Orçamentárias (LDO).

Não há unanimidade doutrinária que apresente critérios específicos de diferenciação entre a iniciativa geral e a iniciativa concorrente; inclusive, alguns autores as consideram idênticas. Contudo, entendemos como mais adequada a posição fundamentada por Bulos (2010), que a **iniciativa geral** é aquela que a faculdade de deflagrar o processo é atribuída a todos os legitimados que foram elencados.

Um exemplo dessa iniciativa encontra-se no *caput* do art. 61 da CF, o qual define que todos os legitimados têm capacidade para proposição de projeto de lei:

> Art. 61. A iniciativa das leis complementares e ordinárias cabe a qualquer membro ou Comissão da Câmara dos Deputados, do Senado Federal ou do Congresso Nacional, ao Presidente da República, ao Supremo Tribunal Federal, aos Tribunais Superiores, ao Procurador-Geral da República e aos cidadãos, na forma e nos casos previstos nesta Constituição. (Brasil, 1988)

A **iniciativa concorrente**, por sua vez, ocorre quando há vários legitimados ao mesmo tempo em concorrência. Como exemplo, temos a concorrência legislativa entre o presidente da república e o procurador-geral da república quanto à elaboração de lei complementar destinada a organizar o Ministério Público da União, do Distrito Federal e dos Territórios, conforme disposto no art. 61, parágrafo 1º, inciso II, alínea "d", cumulado com o art. 128, parágrafo 5º, ambos da CF/1988. Observe o Quadro 1.1 que os apresenta de modo comparativo.

Quadro 1.1 – Comparativo da iniciativa concorrente entre o presidente da república e o procurador-geral da república

Presidente da república	Procurador-geral da república
§ 1º. São de iniciativa privativa do Presidente da República as leis que: [...] II - disponham sobre: [...] d. organização do Ministério Público e da Defensoria Pública da União, bem como normas gerais para a organização do Ministério Público e da Defensoria Pública dos Estados, do Distrito Federal e dos Territórios. (Brasil, 1988, art. 61)	Art. 128. O Ministério Público abrange: [...] § 5º Leis complementares da União e dos Estados, cuja iniciativa é facultada aos respectivos Procuradores-Gerais, estabelecerão a organização, as atribuições e o estatuto de cada Ministério Público, observadas, relativamente a seus membros. (Brasil, 1988)

No que se refere às **iniciativas privativas**, exclusivas ou reservadas, da mesma forma, não há unanimidade doutrinária de conceituação, considerando que, em sua grande maioria, os termos são utilizados como sinônimos em razão da sua identidade prática. Nesse sentido, entende-se que se trata da legitimidade que a CF confere a apenas uma pessoa ou ente, excluindo os demais para apresentação de projeto de lei de determinado ato normativo primário ou sobre determinada matéria.

Conforme explica Lenza (2013, p. 594, grifo nosso), "muito embora a Constituição fale em **competência privativa**, melhor seria dizer **competência exclusiva** (ou **reservada**), em razão da marca de sua *indelegabilidade*". Portanto, quando se fala a respeito da competência privativa de determinado ator ou ente federativo, significa dizer que somente ele pode legislar a respeito daquela matéria. Confira exemplos no Quadro 1.2.

Quadro 1.2 – Comparativo da privativa entre o presidente da república, a Câmara dos Deputados e o Senado Federal

Presidente da república	Câmara dos Deputados	Senado Federal
Art. 84. Compete privativamente ao Presidente da República:	Art. 51. Compre privativamente à Câmara dos Deputados:	Art. 52. Compete privativamente ao Senado Federal:
[...]	[...]	[...]
XXIII – enviar ao Congresso Nacional o plano plurianual, o projeto de lei de diretrizes orçamentárias e as propostas de orçamento previstos nesta Constituição. (Brasil, 1988)	IV – dispor sobre sua organização, funcionamento, polícia, criação, transformação ou extinção dos cargos, empregos e funções de seus serviços, e a iniciativa de lei para fixação da respectiva remuneração, observados os parâmetros estabelecidos na lei de diretrizes orçamentárias. (Brasil, 1988)	XIII – dispor sobre sua organização, funcionamento, polícia, criação, transformação ou extinção dos cargos, empregos e funções de seus serviços, e a iniciativa de lei para fixação da respectiva remuneração, observados os parâmetros estabelecidos na lei de diretrizes orçamentárias. (Brasil, 1988)

A classificação de uma espécie de iniciativa não exclui outra. Por exemplo, eventual iniciativa parlamentar não exclui o fato de constituir, ao mesmo tempo, iniciativa geral em relação a outros atores. Observe a iniciativa do presidente da república no Quadro 1.2: trata-se de uma iniciativa extraparlamentar, uma vez que o presidente não integra o Poder Legislativo, ou seja, não é um parlamentar; mas também é uma iniciativa vinculada, considerando que constitui uma obrigação do chefe do Poder Executivo propor as leis orçamentárias para aprovação do parlamento; e, ainda, consiste em uma iniciativa privativa do presidente da república, já que não pode ser exercida por outra pessoa ou ente.

Cumpre salientar que a concessão constitucional da competência privativa traz em seu bojo a discricionariedade para a decisão a respeito da oportunidade de seu exercício, não sendo possível que o órgão ou a autoridade munida dessa prerrogativa seja impelida a exercê-la por meio de determinação de prazo. Assim, "entende a Corte que nenhum dos Poderes da República pode impor ao órgão ou autoridade competente prazo para a feitura do projeto de lei" (Motta, 2019, p. 623).

Desse modo, os únicos prazos impostos quanto ao exercício de determinada iniciativa reservada, cuja determinação é válida, são os dispostos no próprio texto constitucional, como o estabelecido no art. 35, parágrafo 2º, do Ato das Disposições Constitucionais Transitórias:

Art. 35. O disposto no art. 165, § 7º, será cumprido de forma progressiva, no prazo de até dez anos, distribuindo-se os recursos entre as regiões macroeconômicas em razão proporcional à população, a partir da situação verificada no biênio 1986-87.

§ 1º Para aplicação dos critérios de que trata este artigo, excluem-se das despesas totais as relativas:

I - aos projetos considerados prioritários no plano plurianual;

II - à segurança e defesa nacional;

III - à manutenção dos órgãos federais no Distrito Federal;

IV - ao Congresso Nacional, ao Tribunal de Contas da União e ao Poder Judiciário;

V - ao serviço da dívida da administração direta e indireta da União, inclusive fundações instituídas e mantidas pelo Poder Público federal.

§ 2º Até a entrada em vigor da lei complementar a que se refere o art. 165, § 9º, I e II, serão obedecidas as seguintes normas:

I - o projeto do plano plurianual, para vigência até o final do primeiro exercício financeiro do mandato presidencial subseqüente, será encaminhado até quatro meses antes do encerramento do primeiro exercício financeiro e devolvido para sanção até o encerramento da sessão legislativa;

II - o projeto de lei de diretrizes orçamentárias será encaminhado até oito meses e meio antes do encerramento do exercício financeiro e devolvido para sanção até o encerramento do primeiro período da sessão legislativa;

III – o projeto de lei orçamentária da União será encaminhado até quatro meses antes do encerramento do exercício financeiro e devolvido para sanção até o encerramento da sessão legislativa. (Brasil, 1988)

Iniciativa privativa do presidente da república

Com relação aos atos normativos primários, cuja iniciativa é do presidente da república, é necessário observar o que dispõe o art. 61 da CF e, na sequência, fazer as considerações pertinentes:

> § 1º São de iniciativa privativa do Presidente da República as leis que:
>
> I – fixem ou modifiquem os efetivos das Forças Armadas;
>
> II – disponham sobre:
>
> a) criação de cargos, funções ou empregos públicos na administração direta e autárquica ou aumento de sua remuneração;
>
> b) organização administrativa e judiciária, matéria tributária e orçamentária, serviços públicos e pessoal da administração dos Territórios;
>
> c) servidores públicos da União e Territórios, seu regime jurídico, provimento de cargos, estabilidade e aposentadoria;
>
> d) organização do Ministério Público e da Defensoria Pública da União, bem como normas gerais para a organização do Ministério Público e da Defensoria Pública dos Estados, do Distrito Federal e dos Territórios;

e) criação e extinção de Ministérios e órgãos da administração pública, observado o disposto no art. 84, VI;

f) militares das Forças Armadas, seu regime jurídico, provimento de cargos, promoções, estabilidade, remuneração, reforma e transferência para a reserva. (Brasil, 1988, art. 61)

Diante da análise do dispositivo supramencionado, é possível perceber que os temas relacionados ao regime jurídico de servidores públicos, civis e militares encontram-se subordinados à iniciativa de lei reservada ao presidente da república, assim como deve ter origem nele a lei que disponha sobre a existência e as atribuições de órgãos da Administração, seus cargos e requisitos para seu preenchimento.

Nesse sentido, o posicionamento do STF na Ação Direta de Inconstitucionalidade (ADI) n. 2.800/RS (Brasil, 2011) é de que não cabe à lei de iniciativa parlamentar fixar atribuições de órgão vinculado à Administração Direta, pois essas atribuições são de iniciativa privativa do Poder Executivo.

Assim, o STF entende que a competência privativa do chefe do Executivo é usurpada não por causar despesas ao erário, mas por ter versado acerca da estrutura e/ou das competências de órgãos da Administração Pública ou de direitos e deveres de servidores públicos, como no caso da seguinte decisão:

> Recurso extraordinário com agravo. Repercussão geral. 2. Ação Direta de Inconstitucionalidade estadual. Lei 5.616/2013, do Município do Rio de Janeiro. Instalação de câmeras de

monitoramento em escolas e cercanias. 3. Inconstitucionalidade formal. Vício de iniciativa. Competência privativa do Poder Executivo municipal. Não ocorrência. Não usurpa a competência privativa do chefe do Poder Executivo lei que, embora crie despesa para a Administração Pública, não trata da sua estrutura ou da atribuição de seus órgãos nem do regime jurídico de servidores públicos. 4. Repercussão geral reconhecida com reafirmação da jurisprudência desta Corte. 5. Recurso extraordinário provido. (Brasil, 2016b)

Portanto, não necessariamente há vício formal que acarrete a inconstitucionalidade da norma no caso de aumento de despesas à Administração Pública. Para que isso ocorra, deve haver afronta ao disposto no art. 61, parágrafo 1º, da CF/1988.

Iniciativa privativa de tribunais

Há também atos normativos cuja previsão constitucional confere a iniciativa privativa ao STF, aos tribunais superiores, aos tribunais de justiça e ao Tribunal de Contas da União para, conforme o art. 96, inciso II, da CF/1988, "propor a alteração do número de membros dos tribunais inferiores; a criação e a extinção de cargos e a remuneração dos seus serviços auxiliares e dos juízos que lhes forem vinculados [...]; a criação ou extinção dos tribunais inferiores; e a alteração da organização e da divisão judiciárias" (Mendes; Branco, 2018, p. 986), como é possível verificar a seguir:

Art. 96. Compete privativamente:

I – aos tribunais:

a) eleger seus órgãos diretivos e elaborar seus regimentos internos, com observância das normas de processo e das garantias processuais das partes, dispondo sobre a competência e o funcionamento dos respectivos órgãos jurisdicionais e administrativos;

b) organizar suas secretarias e serviços auxiliares e os dos juízos que lhes forem vinculados, velando pelo exercício da atividade correicional respectiva;

c) prover, na forma prevista nesta Constituição, os cargos de juiz de carreira da respectiva jurisdição;

d) propor a criação de novas varas judiciárias;

e) prover, por concurso público de provas, ou de provas e títulos, obedecido o disposto no art. 169, parágrafo único, os cargos necessários à administração da Justiça, exceto os de confiança assim definidos em lei;

f) conceder licença, férias e outros afastamentos a seus membros e aos juízes e servidores que lhes forem imediatamente vinculados;

II – ao Supremo Tribunal Federal, aos Tribunais Superiores e aos Tribunais de Justiça propor ao Poder Legislativo respectivo, observado o disposto no art. 169:

a) a alteração do número de membros dos tribunais inferiores;

b) a criação e a extinção de cargos e a remuneração dos seus serviços auxiliares e dos juízos que lhes forem vinculados, bem como a fixação do subsídio de seus membros e dos juízes, inclusive dos tribunais inferiores, onde houver;

c) a criação ou extinção dos tribunais inferiores;

d) a alteração da organização e da divisão judiciárias;

III – aos Tribunais de Justiça julgar os juízes estaduais e do Distrito Federal e Territórios, bem como os membros do Ministério Público, nos crimes comuns e de responsabilidade, ressalvada a competência da Justiça Eleitoral. (Brasil, 1988)

De igual forma, o art. 93 da CF estabelece a iniciativa privada de tribunais ao determinar que o Estatuto da Magistratura será regulamentado pelo STF por meio de lei complementar: "Lei complementar, de iniciativa do Supremo Tribunal Federal, disporá sobre o Estatuto da Magistratura [...]" (Brasil, 1988, art. 93).

Iniciativa privativa do Ministério Público

Ao Ministério Público, também é conferida a iniciativa constitucional para proposição de projeto de lei ao Poder Legislativo que vise à criação e à extinção de cargos, inclusive, no que se refere aos serviços auxiliares, bem como sobre matéria que trate da política remuneratória e de seus respectivos planos de carreira. Nos termos da CF:

> Art. 127. O Ministério Público é instituição permanente, essencial à função jurisdicional do Estado, incumbindo-lhe a defesa da ordem jurídica, do regime democrático e dos interesses sociais e individuais indisponíveis.
>
> [...]

§ 2º Ao Ministério Público é assegurada autonomia funcional e administrativa, podendo, observado o disposto no art. 169, propor ao Poder Legislativo a criação e extinção de seus cargos e serviços auxiliares, provendo-os por concurso público de provas ou de provas e títulos, a política remuneratória e os planos de carreira; a lei disporá sobre sua organização e funcionamento. (Brasil, 1988)

Ademais, a CF faculta ao chefe do Ministério Público a iniciativa legislativa no caso de lei complementar que verse sobre a organização, as atribuições e o estatuto do Ministério Público, principalmente quanto às garantias de vitaliciedade, inamovibilidade e irredutibilidade de subsídio, bem como quanto às respectivas vedações institucionais. Nos termos do texto constitucional:

> Art. 128. O Ministério Público abrange:
>
> [...]
>
> § 5º Leis complementares da União e dos Estados, cuja iniciativa é facultada aos respectivos Procuradores-Gerais, estabelecerão a organização, as atribuições e o estatuto de cada Ministério Público, [...] (Brasil, 1988)

Todavia, há que se notar que essa mesma matéria também consta na Carta Magna como de competência privativa do presidente da república, como dispõe o art. 61, parágrafo 1º, inciso II, alínea "d":

Art. 61. A iniciativa das leis complementares e ordinárias cabe a qualquer membro ou Comissão da Câmara dos Deputados, do Senado Federal ou do Congresso Nacional, ao Presidente da República, ao Supremo Tribunal Federal, aos Tribunais Superiores, ao Procurador-Geral da República e aos cidadãos, na forma e nos casos previstos nesta Constituição.

§ 1º São de iniciativa privativa do Presidente da República as leis que:

[...]

II – disponham sobre:

[...]

d) organização do Ministério Público e da Defensoria Pública da União, bem como normas gerais para a organização do Ministério Público e da Defensoria Pública dos Estados, do Distrito Federal e dos Territórios; (Brasil, 1988)

A impropriedade terminológica do texto constitucional foi reconhecida pelo STF em sede de ADI[2], que conciliou os dispositivos e entendeu que a "privatividade do Chefe do Poder Executivo quanto à matéria já reservada ao Chefe do Ministério Público só pode ter um sentido, que é o de eliminar a iniciativa parlamentar" (Mendes; Branco, 2018, p. 986).

---

2   Consultar a ADI n. 400-0, julgada em 22 de novembro de 1990 (Brasil, 1991b).

Iniciativa privativa da Câmara dos Deputados e do Senado Federal

Tanto a Câmara dos Deputados quanto o Senado Federal detêm a iniciativa privativa para a apresentação de projetos de leis que disponham, de maneira geral, sobre sua organização e funcionamento, desde que observados os parâmetros estabelecidos na LDO. De acordo com a CF:

> Art. 51. Compete privativamente à Câmara dos Deputados:
>
> [...]
>
> IV – dispor sobre sua organização, funcionamento, polícia, criação, transformação ou extinção dos cargos, empregos e funções de seus serviços, e a iniciativa de lei para fixação da respectiva remuneração, observados os parâmetros estabelecidos na lei de diretrizes orçamentárias;
>
> [...]
>
> Art. 52. Compete privativamente ao Senado Federal:
>
> [...]
>
> XIII – dispor sobre sua organização, funcionamento, polícia, criação, transformação ou extinção dos cargos, empregos e funções de seus serviços, e a iniciativa de lei para fixação da respectiva remuneração, observados os parâmetros estabelecidos na lei de diretrizes orçamentárias; (Brasil, 1988)

— 1.2.2 —
Votação

Após deliberações acerca do projeto de lei apresentado à casa legislativa – seja Câmara dos Deputados, seja Senado Federal, seja Congresso Nacional – é necessário consubstanciar democraticamente um ato decisório, uma vez que a votação deve representar a expressão da vontade deliberativa parlamentar.

Os processos de votação são dois: (1) ostensivo (nominal ou simbólico); e (2) secreto. O **processo ostensivo nominal de votação** ocorre por meio da contagem dos votos a favor e contra, com a consignação expressa do nome e do voto de cada parlamentar. O **processo ostensivo simbólico de votação** é feito apenas com a contagem dos votos favoráveis e contrários, sendo, na sequência, procedida a proclamação do resultado, sem registrar os votos de cada membro da casa legislativa em específico.

Já o **processo secreto de votação** apenas expõe, no placar eletrônico do plenário, o número de votos favoráveis e contrários e de abstenções. Por exemplo, a hipótese de o Senado Federal aprovar a escolha dos chefes de missão diplomática de caráter permanente: "Art. 52. Compete privativamente ao Senado Federal: [...] IV – aprovar previamente, por voto secreto, após arguição em sessão secreta, a escolha dos chefes de missão diplomática de caráter permanente". (Brasil, 1988)

Tendo como base essas noções expostas, analisaremos, no tópico seguinte, de que maneira é feita a contagem dos votos, a fim de consubstanciar, por exemplo, a aprovação de determinado projeto de lei, a proposição de emendas, a rejeição do veto, entre outros atos parlamentares inseridos no âmbito do processo legislativo que demandam desses sistemas para que funcionem como expressão democrática de anuência ou discordância, aprovação ou rejeição.

Quórum de aprovação

Superada a fase de inauguração do processo legislativo, inicia-se a fase constitutiva, na qual são discutidos e votados os projetos de leis apresentados pelos legitimados quando de sua proposição. As deliberações de matérias legislativas, bem como as demais decisões das casas legislativas, têm vários tipos de quórum para que sejam aprovadas as demandas apresentadas. Por essa razão, é importante saber qual é o quórum específico de discussão e aprovação diante de cada ato normativo primário. Em outras palavras, quantos parlamentares presentes são necessários para que o projeto de lei seja apreciado e debatido e quantos votos favoráveis são indispensáveis para que ele seja aprovado em cada casa legislativa.

Como explica Motta (2019, p. 635), "quórum é o número de votos necessários para que uma proposição seja considerada aprovada. De um modo geral, a Constituição da República obedece à teoria das maiorias". Os critérios são: maioria simples ou relativa (art. 47), maioria absoluta (art. 69) e maiorias qualificadas, que podem ser de três quintos para a aprovação de propostas de emendas constitucionais (art. 60, §2º), de dois terços (arts. 51, I, e 52, II) ou, ainda, de dois quintos (art. 223, §2º), de acordo com a CF, como é possível verificar em seu texto:

> Art. 47. Salvo disposição constitucional em contrário, as deliberações de cada Casa e de suas Comissões serão tomadas por maioria dos votos, presente a maioria absoluta de seus membros.
>
> [...]
>
> Art. 51. Compete privativamente à Câmara dos Deputados:
>
> I – autorizar, por dois terços de seus membros, a instauração de processo contra o Presidente e o Vice-Presidente da República e os Ministros de Estado;
>
> [...]
>
> Art. 52. Compete privativamente ao Senado Federal:
>
> I – processar e julgar o Presidente e o Vice-Presidente da República nos crimes de responsabilidade, bem como os Ministros de Estado e os Comandantes da Marinha, do Exército e da Aeronáutica nos crimes da mesma natureza conexos com aqueles;
>
> [...]
>
> Art. 60. A Constituição poderá ser emendada mediante proposta:
>
> [...]

> § 2º A proposta será discutida e votada em cada Casa do Congresso Nacional, em dois turnos, considerando-se aprovada se obtiver, em ambos, três quintos dos votos dos respectivos membros.
>
> [...]
>
> Art. 69. As leis complementares serão aprovadas por maioria absoluta.
>
> [...]
>
> Art. 223. Compete ao Poder Executivo outorgar e renovar concessão, permissão e autorização para o serviço de radiodifusão sonora e de sons e imagens, observado o princípio da complementaridade dos sistemas privado, público e estatal.
>
> [...]
>
> § 2º A não renovação da concessão ou permissão dependerá de aprovação de, no mínimo, dois quintos do Congresso Nacional, em votação nominal. (Brasil, 1988)

A regra geral é a do quórum de **maioria simples**, utilizada para aprovação de projetos de lei ordinária, estabelecida pelo art. 47 da CF/1988, diante da qual as deliberações são tomadas por maioria dos votos, presente a maioria absoluta de seus membros, como vimos na citação anterior.

Portanto, o quórum de aprovação por maioria simples é variável, pois, para auferi-lo, é necessário constatar a presença mínima da maioria absoluta, com base na qual é feita a proporção. Considerando que o quórum para aprovação de lei ordinária é de maioria simples na Câmara dos Deputados, o projeto pode ser aprovado com 257 parlamentares presentes na sessão legislativa necessitando 129 votos favoráveis para aprová-lo. Também é possível ter 300 parlamentares presentes na sessão legislativa, número que supera o mínimo dos presentes para deliberação; nesse caso, o quórum simples para aprovação é de 151 votos favoráveis.

Por **maioria absoluta**, entende-se o primeiro número inteiro superior à metade dos membros da casa legislativa. Então, se contamos com 81 Senadores, a metade do Senado é 40,5, e a maioria absoluta, 41. A mesma lógica se aplica à Câmara dos Deputados, que conta com 513 deputados federais. Assim, se a metade é 256,5, a maioria absoluta é 257. Essa forma de contagem para aprovação é utilizada no processo legislativo de elaboração das leis complementares, nos termos do art. 69 da CF/1988, como vimos na citação anterior.

A **maioria qualificada** é uma contagem mais expressiva, que pode ser de três quintos, dois terços ou dois quintos. É utilizada, por exemplo, para aprovação de projeto de emenda constitucional, sendo mais difícil de ser atingida, pois depende da aprovação de três quintos dos parlamentares componentes da casa legislativa.

Nesse caso, ao enfrentar um quórum de maioria qualificada de três quintos, o número é fixo, sendo que, para aprovação no Senado, depende de, no mínimo, 49 votos favoráveis, e na Câmara dos Deputados, de 308 votos favoráveis.

Confira o Quadro 1.3, que indica a contagem dos parlamentares por espécie de quórum de aprovação.

Quadro 1.3 – Comparativo dos quóruns de aprovação nas casas legislativas do Congresso Nacional

Quórum	Senado (81)	Câmara (513)
Maioria simples	A maioria, presente a maioria absoluta dos senadores	A maioria, presente a maioria absoluta dos deputados
Maioria absoluta	41	257
3/5	49	308
2/3	54	342
1/6	14	86
1/10	9	52
1/20	4	26
1/3	27	171
2/5	33	206

Fonte: Senado Notícias, 2021.

A compreensão dos possíveis quóruns para deliberações e aprovações de atos, recursos ou decisões das casas legislativas é de extrema importância e essencial para a análise dos atos normativos primários, dos quais trataremos nos capítulos seguintes.

Princípio da simetria

De acordo com o princípio da simetria, as normas constitucionais previstas para o processo legislativo da União refletem-se *simetricamente* aos Estados, ao Distrito Federal e aos Municípios, dentro de suas respectivas competências. Segundo Bernardi (2011, p. 124), "Todos os entes federados deverão obedecer a esses princípios naquilo que [lhes] couber".

Princípio da irrepetibilidade

O princípio da irrepetibilidade aplicado ao processo legislativo, consagrado pelo art. 67 da CF/1988, não permite que a mesma matéria seja objeto de nova deliberação na própria sessão legislativa em que for rejeitada, salvo por proposta da maioria absoluta dos membros de qualquer das casas do Congresso Nacional.

> Art. 67. A matéria constante de projeto de lei rejeitado somente poderá constituir objeto de novo projeto, na mesma sessão legislativa, mediante proposta da maioria absoluta dos membros de qualquer das Casas do Congresso Nacional. (Brasil, 1988)

Entretanto, para compreender a aplicabilidade dessa normativa, é necessário lembrar que a condução dos trabalhos legislativos do Congresso Nacional se dá por meio da legislatura, que compreende o período de quatro anos: "Art. 44. O Poder Legislativo é exercido pelo Congresso Nacional, que se compõe da Câmara dos Deputados e do Senado Federal. Parágrafo único. Cada legislatura terá a duração de quatro anos" (Brasil, 1988).

A legislatura é formada pelas sessões legislativas, que se definem por dois tipos: (1) ordinárias, quando compreenderem os períodos fixados pelo art. 57 da CF/1988, constituindo o período normal de trabalho; e (2) extraordinárias, quando ocorrem no período de recesso parlamentar: "Art. 57. O Congresso Nacional reunir-se-á, anualmente, na Capital Federal, de 2 de fevereiro a 17 de julho e de 1º de agosto a 22 de dezembro" (Brasil, 1988).

Em regra, o processo legislativo ocorre durante as sessões legislativas ordinárias, mas há exceções constitucionalmente previstas, como no caso das leis orçamentárias. Apesar dessas considerações, é importante compreender que ele pode se desenvolver por ritos/processos distintos (sucessões de atos).

Nesse sentido, o processo legislativo é classificado em: ordinário (comum); sumário; abreviado e especial. Eles regulamentam o rito de elaboração dos demais atos normativos primários, pois cada um segue um trâmite distinto. Veremos, a seguir, cada um deles.

— 1.3 —
Processo legislativo ordinário

O processo legislativo ordinário, ou comum, é o mais completo e se destina a elaborar leis ordinárias e leis complementares, observadas suas especificidades materiais e formais. Ele é formado especificamente por três fases:

1. **Fase introdutória** – Consolida a iniciativa de lei por meio da propositura de projeto de lei.
2. **Fase constitutiva** – Quando ocorre, em um primeiro momento, deliberação parlamentar entre as casas legislativas – voltada à análise pelas comissões parlamentares –, discussão, votação, eventual emenda parlamentar e análise da emenda pela casa iniciadora. Posteriormente, é encaminhado projeto de lei pelo chefe do Poder Executivo, por meio de sanção ou

veto presidencial, para a deliberação executiva; caso o presidente da república promova o veto ao projeto de lei, este será objeto de apreciação pelo Congresso Nacional, que decidirá pela manutenção ou derrubada do veto.
3. **Fase complementar** – Quando ocorre a promulgação e a publicação da nova lei, de modo a declarar sua existência, proporcionar ciência a todos e dar publicidade para que ela possa surtir efeitos.

Figura 1.2 – Fases do processo legislativo

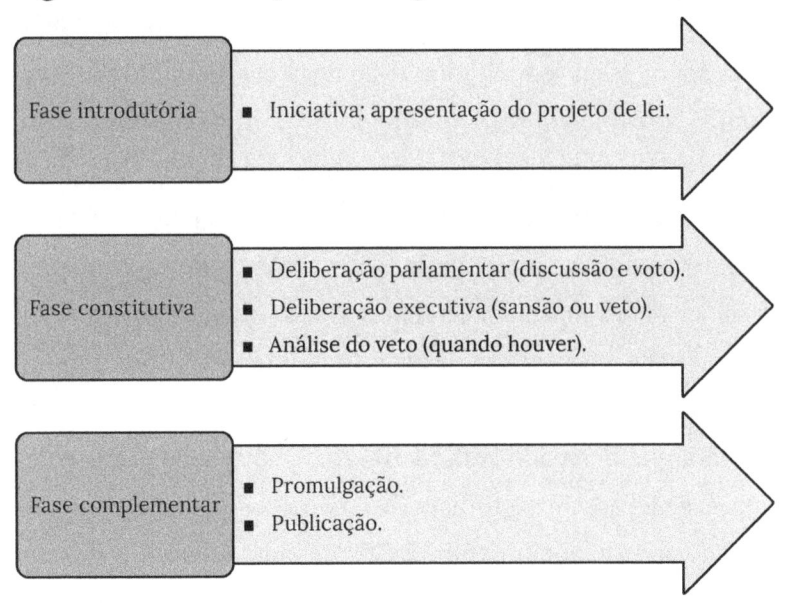

Fase introdutória	▪ Iniciativa; apresentação do projeto de lei.
Fase constitutiva	▪ Deliberação parlamentar (discussão e voto). ▪ Deliberação executiva (sansão ou veto). ▪ Análise do veto (quando houver).
Fase complementar	▪ Promulgação. ▪ Publicação.

A **fase introdutória**, também chamada de *fase inicial*, é quando o processo legislativo é deflagrado, ou seja, é o momento em que aquele que tem iniciativa constitucionalmente outorgada propõe o projeto de lei, seja à Câmara dos Deputados, seja ao Senado Federal.

No processo legislativo (no âmbito federal), considerando o bicameralismo do Poder Legislativo, sempre há uma casa iniciadora e uma revisora. Assim, quando a Câmara dos Deputados figurar como casa iniciadora, o Senado Federal será a casa revisora, e vice-versa.

Nesse sentido, conforme dispõe o art. 64 da CF, a "discussão e votação dos projetos de lei de iniciativa do Presidente da República, do Supremo Tribunal Federal e dos Tribunais Superiores terão início na Câmara dos Deputados" (Brasil, 1988). Logo, para esses legitimados, a Câmara dos Deputados serve como casa iniciadora, e o Senado Federal, como casa revisora, de forma que "quando o projeto é apresentado primeiramente à Câmara dos Deputados, cumpre ao Senado a revisão, e vice-versa. Caso, no Senado e na Câmara, forem propostos projetos com o mesmo objeto, prevalecerá aquele que primeiro foi aprovado e passar à revisão (art. 140 do RICN)" (Nery Junior; Abboud, 2017, p. 557).

Para que o Senado Federal figure como casa iniciadora do processo legislativo, o projeto de lei deve ser proposto por um senador ou por uma comissão do Senado Federal; todas as demais iniciativas são de competência inicial da Câmara dos Deputados (como casa iniciadora).

A **fase constitutiva** divide-se em deliberação parlamentar, na qual tanto a casa iniciadora quanto a casa revisora têm a oportunidade de apreciar, discutir e votar o projeto de lei apresentado, e deliberação executiva, na qual o chefe do Poder Executivo concorda com o projeto de lei, por meio da sanção, ou o rejeita, por meio do veto.

Caso o projeto de lei seja sancionado integralmente ou o veto presidencial seja derrubado pelo Congresso Nacional, inicia-se a **fase complementar**, na qual a lei é promulgada, isto é, declarada existente e, na sequência, publicada para que seu efeito seja *erga omnes*.

— 1.4 —
Processo legislativo sumário

O processo legislativo sumário destina-se também à elaboração da lei ordinária, contudo é dotado de maior celeridade (prazo de 100 dias). Trata-se do chamado *regime de urgência constitucional*, que é solicitado pelo presidente da república nos projetos de sua iniciativa. Nos termos da CF:

> Art. 64. A discussão e votação dos projetos de lei de iniciativa do Presidente da República, do Supremo Tribunal Federal e dos Tribunais Superiores terão início na Câmara dos Deputados.
>
> § 1º O Presidente da República poderá solicitar urgência para apreciação de projetos de sua iniciativa.
>
> § 2º Se, no caso do § 1º, a Câmara dos Deputados e o Senado Federal não se manifestarem sobre a proposição, cada qual sucessivamente, em até quarenta e cinco dias, sobrestar-se-ão todas as demais deliberações legislativas da respectiva Casa,

com exceção das que tenham prazo constitucional determinado, até que se ultime a votação.

§ 3º A apreciação das emendas do Senado Federal pela Câmara dos Deputados far-se-á no prazo de dez dias, observado quanto ao mais o disposto no parágrafo anterior.

§ 4º Os prazos do § 2º não correm nos períodos de recesso do Congresso Nacional, nem se aplicam aos projetos de código. (Brasil, 1988)

É importante ressaltar que o projeto de lei não precisa ser de iniciativa privativa do chefe do Executivo, ele pode decorrer do exercício de uma iniciativa geral, concorrente ou privativa, contudo é necessário que sua proposição tenha sido feita pelo presidente da república.

Ademais, perceba que, nesse caso, por força do disposto no *caput* do art. 64 da CF/1988, a casa legislativa que figura como iniciadora é a Câmara dos Deputados, porém a requisição para a instauração do regime de urgência constitucional é, obrigatoriamente, destinada ao Congresso Nacional e pode ser solicitada pelo presidente da república em qualquer momento dentro do processo legislativo.

Dessa modo, uma vez

> feita a solicitação presidencial em regime de urgência, a Câmara dos Deputados realiza a deliberação principal e o Senado, a deliberação revisional. A Câmara e o Senado têm

o prazo de 45 dias para apreciar o projeto de lei. Se sofrer emenda do Senado, sua apreciação pela Câmara deverá ocorrer dentro de 10 dias, vedada qualquer subemenda. Logo, o procedimento legislativo sumário dura, no máximo 100 dias. (Bulos, 2010, p. 515)

Dentro desse prazo, 45 dias são destinados à Câmara dos Deputados, 45 dias ao Senado Federal e 10 dias à apreciação de eventuais emendas.

A observância desses prazos pelas casas legislativas é o aspecto característico do processo legislativo sumário. Tanto que, de acordo com o art. 64, parágrafo 2º, da CF:

> Se, no caso do § 1º, a Câmara dos Deputados e o Senado Federal não se manifestarem sobre a proposição, cada qual sucessivamente, em até quarenta e cinco dias, sobrestar-se-ão todas as demais deliberações legislativas da respectiva Casa, com exceção das que tenham prazo constitucional determinado, até que se ultime a votação. (Brasil, 1988, art. 64, § 2º)

Outro detalhe importante desse processo é que os prazos de 45 dias para discussão e votação por casa legislativa "não correm nos períodos de recesso do Congresso Nacional", assim como não "se aplicam aos projetos de códigos" (Brasil, 1988, art. 64, § 4º), tampouco se aplicam às medidas provisórias, cujo prazo máximo para aprovação é de 120 dias.

— 1.5 —
Processo legislativo abreviado

O processo legislativo abreviado, também conhecido como *regime de tramitação conclusivo*, traduz-se na possibilidade de o projeto de lei ser discutido e votado apenas pelas comissões das casas legislativas. Trata-se do que a doutrina considera uma delegação interna *corporis*, porque há uma delegação da competência de legislar do plenário das casas legislativas a seus respectivos órgãos internos, que são as comissões legislativas.

Vale lembrar que tanto o Congresso Nacional quanto a Câmara dos Deputados e o Senado Federal são constituídos, entre outros órgãos, por comissões parlamentares, as quais podem ser permanentes ou temporárias, com constituição e atribuição previstas no respectivo regimento interno.

Esse processo encontra previsão no art. 58, parágrafo 2º, inciso I, da CF/1988, que dispõe sobre as comissões parlamentares, contudo é mais profundamente regulamentado pelos regimentos internos das casas legislativas. Assim sendo, dispõe a Carta Magna que cabe às comissões, em razão da matéria de sua competência: "discutir e votar projeto de lei que dispensar, na forma do regimento, a competência do Plenário, salvo se houver recurso de um décimo dos membros da Casa" (Brasil, 1988, art. 58, § 2º, I).

No entanto, o Regimento Interno do Senado Federal, por sua vez, estabelece, no art. 91, que cabe às comissões parlamentares, no âmbito de suas atribuições e dispensada a competência do plenário, discutir e votar

I – projetos de lei ordinária de autoria de Senador, ressalvado projeto de código;

II – projetos de resolução que versem sobre a suspensão da execução, no todo ou em parte, de lei declarada inconstitucional por decisão definitiva do Supremo Tribunal Federal (Const., art. 52, X).

III – projetos de decreto legislativo de que trata o § 1º do art. 223 da Constituição Federal.

§ 1º O Presidente do Senado, ouvidas as lideranças, poderá conferir às comissões competência para apreciar, terminativamente, as seguintes matérias:

I – tratados ou acordos internacionais (Const., art. 49, I);

II – autorização para a exploração e o aproveitamento de recursos hídricos e a pesquisa e lavra de riquezas minerais em terras indígenas (Const., art. 49, XVI);

III – alienação ou concessão de terras públicas com área superior a dois mil e quinhentos hectares (Const., art. 49, XVII);

IV – projetos de lei da Câmara de iniciativa parlamentar que tiverem sido aprovados, em decisão terminativa, por comissão daquela Casa;

V – indicações e proposições diversas, exceto:

a) projeto de resolução que altere o Regimento Interno;

b) projetos de resolução a que se referem os arts. 52, V a IX, e 155, §§ 1º, IV, e 2º, IV e V, da Constituição;

c) proposta de emenda à Constituição.

§ 2º Encerrada a apreciação terminativa a que se refere este artigo, a decisão da comissão será comunicada ao Presidente do Senado Federal para ciência do Plenário e publicação no Diário do Senado Federal. (Brasil, 2018, p. 48-49)

A Câmara dos Deputados também regulou a competência das comissões parlamentares, por meio do art. 24 do Regimento Interno da Câmara dos Deputados, **impossibilitando a delegação interna *corporis*** para discutir e votar:

a) projeto de Lei Complementar, haja vista seu quórum de maioria absoluta para aprovação, ensejando a obrigatoriedade de submissão para análise em plenário;

b) de código, pois constitui um projeto de alta importância, cujo debate enseja participação do plenário;

c) de iniciativa popular;

d) de Comissão, pois a comissão não pode só ela votar o PLO que ela mesma apresentou;

e) relativos à matéria que não possa ser objeto de delegação, consoante o § 1º do art. 68 da Constituição Federal;

f) oriundos do Senado, ou por ele emendados, que tenham sido aprovados pelo Plenário de qualquer das Casas;

g) que tenham recebido pareceres divergentes;

h) em regime de urgência. (Brasil, 1989a, art. 24)

Dessa forma, é possível verificar que o texto constitucional possibilita a discussão e a votação de projeto de lei apenas no âmbito das comissões parlamentares, de acordo com as suas competências e na forma que os regimentos internos das casas legislativas preveem, garantindo, todavia, a possibilidade de, por meio do recurso de um décimo dos membros da respectiva casa legislativa, o retorno do projeto para discussão e votação em plenário.

— 1.6 —
Processo legislativo especial

Embora os processos legislativos especiais sigam, em regra, a lógica do processo legislativo ordinário (comum), cada um deles traz especificidades formais e materiais que correspondem necessariamente à essência do ato normativo primário que visa constituir. Dessa feita, esses processos estão relacionados à ordem dos acontecimentos que tramitam para edição da emenda constitucional, das leis complementares, das medidas provisórias, das leis delegadas, dos decretos legislativos e das resoluções.

Capítulo 2

Lei complementar e lei ordinária

As leis complementares constituem atos normativos primários e, assim, infraconstitucionais, pois são passíveis de modificações sem os rigores de uma emenda constitucional. Todavia, não sofrem modificações constantes como as demais leis (Bulos, 2010). Isso ocorre porque seu quórum de aprovação é por maioria absoluta dos membros de cada casa legislativa, nos termos do art. 69 da Constituição Federal (CF) e porque sua matéria é de competência reservada: "As leis complementares serão aprovadas por maioria absoluta" (Brasil, 1988, art. 69).

Desse modo, "só existirá lei complementar para matérias taxativamente previstas na Constituição da República" (Fernandes, 2010, p. 684) e o próprio texto constitucional a declarará. Nos termos do texto constitucional:

> **Leis complementares** fixarão normas para a cooperação entre a União e os Estados, o Distrito Federal e os Municípios, tendo em vista o equilíbrio do desenvolvimento e do bem-estar em âmbito nacional. (Brasil, 1988, art. 23, parágrafo único, grifo nosso)

> **Lei complementar**, de iniciativa do Supremo Tribunal Federal, disporá sobre o Estatuto da Magistratura [...]. (Brasil, 1988, art. 93, grifo nosso)

> **Leis complementares** da União e dos Estados, cuja iniciativa é facultada aos respectivos Procuradores-Gerais, estabelecerão a organização, as atribuições e o estatuto de cada Ministério Público [...]. (Brasil, 1988, art. 128, §5º, grifo nosso)

No entanto, a lei ordinária consta na Carta Magna apenas como *lei*, haja vista sua competência material (de conteúdo) residual. Ela está definida com a previsão constitucional de quórum simples para sua aprovação nas casas legislativas, presente a maioria absoluta de seus membros, de acordo com a CF: "Art. 47. Salvo disposição constitucional em contrário, as deliberações de cada Casa e de suas Comissões serão tomadas por maioria dos votos, presente a maioria absoluta de seus membros" (Brasil, 1988).

Sobre o assunto, Bulos (2018, p. 1214) destaca que a

> diferença entre as leis complementares e as leis comuns ou ordinárias assenta-se em dúplice aspecto: um formal, outro material (ou substancial). Da ótica formal, a distinção entre ambas está na fase da votação. Enquanto o quórum para a lei ordinária ser aprovada é maioria simples (CF, art. 47), o quórum para a provação de lei complementar é por maioria absoluta (CF, art. 69). Do ângulo material, a diferença entre tais espécies normativas é facilmente percebida. A lei complementar caracteriza-se pelo fato de que somente ela poderá dispor sobre um dado assunto. Nesse caso, o constituinte faz-lhe menção expressa. Havendo, porém, silêncio do constituinte, a lei será ordinária, porque inexistirá qualquer exigência ou **especificidade para certa matéria a ser regulamentada pela legislação comum**.

Assim, a **lei complementar** é o ato cuja matéria normativa tem previsão explícita na CF por meio de uma norma de eficácia limitada, sendo, portanto, de **matéria reservada**, pois "a exigência de lei complementar não se presume e nem se impõe, quer por analogia, quer por força de compreensão, quer, ainda, por inferência de situações que possam guardar relação de similitude entre si" (Brasil, 1994c). Dessa forma, seu projeto de lei deve ser aprovado pela **maioria absoluta** dos parlamentares em **dois turnos de votação**, conforme dispõe o Regimento Interno do Congresso Nacional.

Já a **lei ordinária**, para ser aprovada, necessita apenas de **um turno de votação** com o quórum de **maioria simples**, conforme dispõe o art. 47, da CF/1988. No que se refere a seu critério material (sobre qual matéria pode tratar), ela tem **caráter residual**. Em outras palavras, "o método para descobrir se uma lei é ordinária é o da exclusão: toda lei que não trouxer o título de complementar será ordinária" (Bulos, 2010, p. 521).

Ademais, importa observar que, diferentemente da lei complementar, o projeto de lei ordinária pode tramitar por meio do processo legislativo ordinário comum, do processo legislativo sumário – desde que a iniciativa legiferante tenha sido proposta pelo chefe do Poder Executivo –, ou do processo legislativo abreviado – sendo discutido e votado pelas comissões parlamentares, no âmbito de suas competências e de acordo com seus respectivos regimentos internos.

Confira o Quadro 2.1, que apresenta um comparativo entre a lei complementar e a lei ordinária.

Quadro 2.1 – Comparativo entre lei complementar e lei ordinária

Lei complementar	Lei ordinária
Matéria reservada	Matéria residual
Quórum de maioria absoluta	Quórum de maioria simples, desde que presente a maioria absoluta
Votação em plenário obrigatória	Rito comum, sumário ou abreviado

Tecnicamente, não há hierarquia entre a lei complementar e a lei ordinária, mas sim critérios formais e materiais distintos, estabelecendo uma competência material oposta – reservada *versus* residual – para a regulamentação por um e outro ato normativo primário. Esclarecendo melhor esse aspecto, o Min. Gilmar Mendes (citado por Mendes; Branco, 2018, p. 993) explica que

> a lei ordinária que destoa da lei complementar é inconstitucional por invadir âmbito normativo que lhe é alheio, e não por ferir o princípio da hierarquia das leis. Por outro lado, não será inconstitucional a lei ordinária que dispuser em sentido diverso do que estatui um dispositivo de lei complementar que não trata de assunto próprio de lei complementar. O dispositivo de lei complementar, no caso, vale como lei ordinária e pode-se ver revogado por regra inserida em lei ordinária.

Entendidas essas distinções, podemos analisar mais detalhadamente o processo legislativo ordinário (comum), aplicado à lei ordinária, e o processo legislativo especial, pertinente à lei complementar.

O **processo legislativo ordinário** (comum) é aplicado à elaboração de lei ordinária e, embora siga um processo similar de criação, a lei complementar se diferencia em razão do quórum de aprovação (maioria qualificada), da votação (em dois turnos) e da impossibilidade de adoção do rito sumário e abreviado. Confira a Figura 2.1, que apresenta o fluxograma do processo legislativo ordinário (comum).

Figura 2.1 – Fluxograma geral do processo legislativo ordinário (comum)

Iniciativa	Constitutiva	Constitutiva	Complementar
▪ Apresentação do projeto	▪ Casa iniciadora ▪ Casa revisora	▪ Sansão ou veto ▪ Apreciação do veto	▪ Promulgação ▪ Publicação

A seguir, aprofundaremos nossa abordagem acerca do processo legislativo ordinário (comum), que serve de base para a compreensão dos demais ritos do processo legislativo.

— 2.1 —
Processo legislativo ordinário: fase inicial

A fase inicial é o momento que instaura, desencadeia ou deflagra o processo legislativo, de forma que o aspecto mais relevante a ser observado aqui é a legitimidade dos propositores do projeto de lei.

Como já abordamos, as várias formas de classificação da iniciativa podem ser geral (art. 61 da CF/1988), concorrente (art. 60 da CF/1988), privativa, exclusiva ou reservada (art. 61, § 1º; art. 51, IV; art. 52, XIII; art. 96, II, "b"; art. 127, § 2º e art. 128, § 5º da CF/1988), vinculada (art. 84 da CF/1988), popular e parlamentar ou extraparlamentar.

No caso das leis complementares e ordinárias, a CF estabelece que a iniciativa é **geral**, pois, de acordo com o art. 61,

> cabe a qualquer membro ou Comissão da Câmara dos Deputados, do Senado Federal ou do Congresso Nacional, ao Presidente da República, ao Supremo Tribunal Federal, aos Tribunais Superiores, ao Procurador-Geral da República e aos cidadãos, na forma e nos casos previstos nesta Constituição. (Brasil, 1988)

A proposição do projeto de lei é um dos momentos mais importantes do processo legislativo, pois é nele que se estabelece qual será a casa iniciadora – que recebe o projeto de lei – e qual será a casa revisora. Notadamente, a casa iniciadora tem maior interferência no processo legiferante, uma vez que, após eventuais emendas da casa revisora, pode acatá-las ou rejeitá-las.

Em razão da bicameralismo do Poder Legislativo (no nível federal), cada uma das casas legislativas que compõem o Congresso Nacional tem suas respectivas competências e atribuições, passando o processo legislativo por ambas. Assim, nas situações em que a Câmara dos Deputados figurar como casa iniciadora, o Senado Federal exerce a função de casa revisora, e vice-versa, como já explicitado no Capítulo 1.

Ademais, considerando que a Câmara dos Deputados constitui a "casa do povo" e o Senado Federal representa os entes da federação, a competência para iniciativa do processo legislativo é maior na Câmara dos Deputados, que recebe os projetos de lei ordinária (como casa iniciadora) da maioria dos legitimados constantes no art. 61 da CF. Restando ao Senado Federal, então, figurar como casa iniciadora apenas nos casos de projetos de lei ordinária propostos por senadores ou por suas comissões parlamentares.

Ao ser apresentado por quem detenha legitimidade para essa iniciativa, o projeto de lei é encaminhado à mesa da casa legislativa (órgão máximo), momento no qual é lido em plenário, recebe um número e é publicado no Diário Oficial e em avulsos (Fernandes, 2010).

Em seguida, o presidente da mesa, que é necessariamente o presidente da casa legislativa, deve, inicialmente, de acordo com os regimentos das casas legislativas, fazer um juízo de admissibilidade (Fernandes, 2010), considerando os seguintes critérios:

1. Projeto de lei devidamente formalizado. A única exceção a esse aspecto ocorre nos termos da Lei n. 9.709, de 18 de novembro de 1998 (Brasil, 1998), que trata do exercício da iniciativa popular, situação na qual o projeto de lei ordinária deve ser encaminhado à Comissão de Constituição e Justiça para que ela formalize-o adequadamente, garantindo o exercício do direito constitucional da soberania popular.
2. Matéria de acordo com o regimento da casa legislativa.
3. Matéria compatível com a competência material da casa legislativa.
4. Projeto de lei ordinária constitucional, isto é, que não seja flagrantemente inconstitucional.

Na sequência, o presidente da casa legislativa define o regime de tramitação do projeto de lei ordinária. Esse regime, a princípio, pode ser de dois tipos: (1) de tramitação tradicional, que nada mais é do que o processo legislativo ordinário comum, no qual o projeto de lei é votado em plenário; e (2) de tramitação conclusivo ou terminativo, o qual abordamos anteriormente como processo legislativo abreviado, no qual os projetos de lei são votados somente nas comissões, não indo a plenário, de acordo com os termos do art. 58, parágrafo 2º, inciso I, da CF/1988 (Fernandes, 2010).

Além da análise obrigatória da Comissão de Constituição e Justiça em todos os projetos de lei ordinária e da análise da Comissão de Finanças nos projetos de lei que envolvam impacto econômico-financeiro, ainda na fase inicial do processo legislativo, o presidente da casa iniciadora define em quais demais comissões o projeto de lei ordinária deve tramitar.

— 2.2 —
Processo legislativo ordinário: fase constitutiva

A fase constitutiva do processo legislativo é subdividida em duas partes: (1) a deliberação legislativa, na qual o projeto de lei tramita entre as duas casas legislativas (Câmara dos Deputados e Senado Federal como casas iniciadora e revisora) para discussão e votação em cada uma delas; e (2) a **deliberação executiva**, que é "o ato em que o Presidente da República analisa o projeto de lei, aprovado no Congresso Nacional, para vetá-lo ou sancioná-lo.

Realiza-se no texto formalmente consubstanciado no autógrafo, que deve retratar, com fidelidade, o projeto de lei aprovado pelo Congresso Nacional [...]" (Bulos, 2010, p. 517).

— 2.2.1 —
Deliberação legislativa

A deliberação parlamentar configura-se como o primeiro momento da fase constitutiva, "em que o projeto de lei passa por ampla discussão e votação na Câmara dos Deputados e no Senado Federal, com objetivo de ser aprovado ou rejeitado (arquivado)" (Bulos, 2010, p. 516).

Assim, o recebimento do projeto de lei é feito pela mesa da casa iniciadora, e o presidente da mesa estabelece, entre outras coisas, o regime de tramitação (comum, sumário ou abreviado), no caso de lei ordinária, podendo haver aprovação do projeto de lei e encaminhamento à casa revisora ou sua rejeição e arquivamento.

Tanto no trâmite interno da casa iniciadora quanto no da casa revisora, o projeto de lei passa pelas comissões parlamentares – e apenas por elas, se estivermos diante do processo legislativo abreviado – para emissão de pareceres, a fim de ser submetido à discussão e à votação pelos plenários de ambas as casas legislativas.

Sobre o trâmite do projeto de lei nas comissões, é importante enfatizar alguns detalhes:

1. O projeto de lei deve passar, obrigatoriamente, pela Comissão de Constituição, Justiça e Redação da Câmara dos Deputados (art. 32, inciso III, do Regimento Interno da Câmara dos Deputados – Brasil, 1989a) e pela Comissão de Constituição, Justiça e Cidadania do Senado Federal (art. 101 do Regimento Interno do Senado Federal – Brasil, 2018), que fazem o respectivo controle de constitucionalidade, regra que vale tanto para a casa iniciadora quanto para a casa revisora. Contudo, além do controle de constitucionalidade, essas comissões fazem um controle de legalidade, de juridicidade, **de regimentalidade e de técnica legislativa das proposições** (Fernandes, 2010), motivo pelo qual elas têm a prerrogativa de emitir parecer terminativo determinando, quando for o caso, o arquivamento do projeto de lei.
2. Nesse ínterim, ocorre também a definição das comissões parlamentares temáticas, às quais o projeto de lei será submetido para exame de mérito e emissão de parecer não vinculativo. Como explicam Nery Junior e Abboud (2017, p. 557),

> Cada casa possui, portanto, uma Comissão encarregada do exame da adequação do projeto à Constituição e outras, responsáveis pela análise do teor do projeto e divididas conforme a matéria (*e.g.* Comissão de Educação, Cultura e Desporto, Comissão de Ciência e Tecnologia, Comissão de Defesa do Consumidor, Comissão de Trabalho etc.).

3. Ademais, o projeto de lei pode, ainda, ser objeto de análise e parecer obrigatório e terminativo da Comissão Parlamentar de Finanças sempre que se tratar de proposta que envolve impacto econômico-financeiro.

Caso esteja tramitando sob o processo legislativo abreviado, o projeto de lei é objeto de discussão e votação apenas pelas próprias comissões parlamentares, salvo hipótese de recurso de um décimo dos membros da casa legislativa para votação em plenário. Contudo, se o projeto de lei estiver submetido ao processo legislativo ordinário (comum), após a emissão de pareceres pelas comissões parlamentares pertinentes, ele é submetido à discussão e à votação em plenário das respectivas casas legislativas.

Uma vez arquivado o projeto de lei, sua matéria só pode ser objeto de novo projeto na mesma sessão legislativa ordinária em razão da proposta da maioria absoluta dos membros de qualquer uma das casas legislativas. Em outras palavras, o processo legislativo ordinário (comum)

> irá tramitar nas comissões e no Regime de Tramitação Conclusivo (Processo Legislativo Abreviado), será votado (deliberado) nas comissões e no Regime de Tramitação Tradicional (Processo Legislativo Ordinário ou Comum) e será votado (deliberado) em plenário. Se rejeitado no RTC [regime de tramitação conclusivo] ou RTT [regime de tramitação tradicional], vai para o arquivo e, segundo ditame constitucional (art. 67, CF), a matéria constante no projeto rejeitado somente poderá constituir objeto de novo projeto na mesma sessão legislativa ordinária, mediante sua proposta da maioria absoluta de qualquer

das Casas do Congresso Nacional. Porém, se aprovado no RTC ou RTT, o PLO [processo legislativo ordinário (comum)] seguirá para a Casa Revisora. (Fernandes, 2010, p. 676)

Na casa revisora, o projeto de lei também será

lido em plenário e publicado no DO (Diário Oficial) e em avulsos, e receberá um número para tramitação. Também haverá decisões do Presidente da Casa, e com isso, teremos definições sobre o juízo de admissibilidade, regime de tramitação (se tradicional ou conclusivo) e designação das comissões para as quais o PLO irá tramitar. (Fernandes, 2010, p. 677)

Assim, o processo legislativo ordinário (comum) é encaminhado para análise das comissões parlamentares e, na sequência, se for o caso, submetido à discussão e à votação em plenário.

Nesse momento, há três possíveis resultados: (1) aprovação do projeto de lei e encaminhamento à fase executiva para sanção ou veto presidencial; (2) aprovação com emendas e retorno à casa iniciadora para análise, a qual pode concordar com as emendas ou retirá-las e, então, encaminhar o projeto à fase executiva; ou (3) rejeição do projeto de lei, que será arquivado.

A aprovação do projeto de lei é a manifestação de concordância da casa revisora com todo o conteúdo do projeto, que, sendo aprovado sem emendas, é encaminhado à fase de deliberação executiva, na qual é analisado pelo presidente da república.

Todavia, é possível que a casa revisora, após discussão, vote pela alteração de determinado dispositivo ou sentido do texto recebido da casa iniciadora, o que é feito por meio da emenda parlamentar, que se trata da "proposição modificativa dos projetos de lei apresentados, originalmente, pelos deputados e senadores" (Bulos, 2010, p. 517). Isso significa que a emenda parlamentar nada mais é do que uma proposta da casa revisora que busca modificar o texto apresentado originalmente pela casa iniciadora.

As emendas parlamentares podem ser classificadas, de acordo com a doutrina majoritária, pelas seguintes naturezas:

- **Aditiva** – Acrescenta determinada matéria nova ao disposto originalmente pelo projeto de lei que veio da casa inicial.
- **Supressiva** – Extingue eventuais enganos ou erros, retirando-os do texto original.
- **Aglutinativa** – Funde duas ou mais emendas parlamentares ao projeto de lei inicialmente proposto.
- **Modificativa** – Promove alteração na forma do projeto de lei sem, no entanto, alterar sua essência.
- **Substitutiva** – Altera substancial e formalmente a proposta inicial do projeto de lei.
- **De redação** – Sana vícios linguísticos, incorreções técnicas ou problemas vernaculares manifestos no projeto de lei original, buscando o aperfeiçoamento técnico-legislativo.

Sobre esse aspecto, o projeto de lei ordinário (comum) "só deve voltar à Casa Iniciadora se ocorreu uma alteração substancial [...], se a alteração foi mínima (por exemplo, através de uma emenda de redação), não há que se falar em nova análise da Casa Iniciadora" (Fernandes, 2010, p. 677).

Nesse sentido, vale destacar que o direito de emenda à projeto de lei em fase de deliberação parlamentar constitui uma prerrogativa do Poder Legislativo. Portanto, é um direito "natural à atividade legislativa, razão pela qual mesmo nos casos de projetos de iniciativa reservada do Presidente da República consente-se ao parlamentar emitir juízo de valor político sobre a proposta" (Silva Neto, 2010, p. 424). Ademais, "independentemente do regime de tramitação (se tradicional ou conclusivo), poderá haver apresentação de emendas aos projetos de lei [...] em tramitação nas Casas." (Fernandes, 2010, p. 676)

Contudo, como bem esclarece Fernandes (2010, p. 677),

> não poderá haver emendas que visem aumentar despesas nos projetos de iniciativa exclusiva do Presidente da República, ressalvado o disposto no art. 166, parágrafos 3º e 4º da CF, e nos projetos sobre organização dos serviços administrativos da Câmara dos Deputados, do Senado Federal, dos Tribunais Federais e do Ministério Público.

A emenda parlamentar também é possível nos projetos de lei cuja matéria seja orçamentária, desde que, em se tratando de Lei de Orçamento Anual (LOA), as emendas sejam compatíveis com o Plano Plurianual (PPA) e com a Lei de Diretrizes Orçamentárias (LDO). Ademais, para que essas emendas sejam feitas, a indicação de recursos necessários para atendê-las é fundamental, por meio de anulação de outras despesas previstas no projeto, não sendo possível a anulação de despesas voltadas a dotações para pessoal e seus encargos, serviço da dívida e transferências tributárias constitucionais para Estados, Municípios e Distrito Federal, conforme disposto no art. 166, parágrafos 3º e 4º, da CF:

> Art. 166. Os projetos de lei relativos ao Plano Plurianual, às Diretrizes Orçamentárias, ao Orçamento Anual e aos Créditos Adicionais serão apreciados pelas duas Casas do Congresso Nacional, na forma do regimento comum.
>
> [...]
>
> § 3º As emendas ao projeto de lei do orçamento anual ou aos projetos que o modifiquem somente podem ser aprovadas caso:
>
> I – sejam compatíveis com o plano plurianual e com a lei de diretrizes orçamentárias;
>
> II – indiquem os recursos necessários, admitidos apenas os provenientes de anulação de despesa, excluídas as que incidam sobre:
>
> a) dotações para pessoal e seus encargos;
>
> b) serviço da dívida;
>
> c) transferências tributárias constitucionais para Estados, Municípios e Distrito Federal; ou

III – sejam relacionadas:

a) com a correção de erros ou omissões; ou

b) com os dispositivos do texto do projeto de lei.

§ 4º As emendas ao projeto de Lei de Diretrizes Orçamentárias não poderão ser aprovadas quando incompatíveis com o Plano Plurianual. (Brasil, 1988)

Considerando as limitações descritas, o STF também se posiciona no sentido de que, por consequência lógica do sistema, "a emenda deve guardar pertinência com o projeto de iniciativa privativa, para prevenir a fraude a essa mesma reserva" (Mendes; Branco, 2018, p. 989).

Nesse sentido, a Ação Direta de Inconstitucionalidade (ADI) n. 574-DF, julgada em 3 de junho de 1993, foi tida como procedente com efeitos *ex tunc* (que retroagem), declarando a inconstitucionalidade da Lei n. 8.216, de 13 de agosto de 1991 (Brasil, 1991a), pois, em que pese o projeto de iniciativa do presidente da república tratar da antecipação dos efeitos de revisão de vencimentos, a norma acrescentada via emenda parlamentar versou sobre pensão militar e sua ordem de prioridade:

> DIREITO CONSTITUCIONAL. PENSÃO MILITAR. CÁLCULO DE PROVENTOS. ART. 29 DA LEI 8.216/93. ADI 574/DF. DECLARAÇÃO DE INCONSTITUCIONALIDADE DE LEI. EFICÁCIA EX-TUNC. ACÓRDÃO RECORRIDO PUBLICADO EM 23/8/2006. (Brasil, 1994b)

Dessa forma, para o Min. Gilmar Mendes (citado por Mendes; Branco, 2018, p. 989), "o poder de emenda a projetos de iniciativa reservada pressupõe [...] a pertinência entre o tema da emenda e a matéria do objeto do projeto. Caso contrário, a emenda representaria, na verdade, uma iniciativa legislativa sobre matéria reservada à iniciativa de outro Poder".

No que se refere à pertinência temática, o limite do poder de emenda é aspecto tão sensível que o STF classificou seu desrespeito como *contrabando legislativo*, que afronta o devido processo legislativo. É o que se pode denotar da decisão a seguir, em sede de controle direto de constitucionalidade:

> EMENDA PARLAMENTAR EM PROJETO DE CONVERSÃO DE MEDIDA PROVISÓRIA EM LEI. CONTEÚDO TEMÁTICO DISTINTO DAQUELE ORIGINÁRIO DA MEDIDA PROVISÓRIA. PRÁTICA EM DESACORDO COM O PRINCÍPIO DEMOCRÁTICO E COM O DEVIDO PROCESSO LEGAL (DEVIDO PROCESSO LEGISLATIVO).
>
> 1. Viola a Constituição da República, notadamente o princípio democrático e o devido processo legislativo (arts. 1º, *caput*, parágrafo único, 2º, *caput*, 5º, *caput*, e LIV, CRFB), a prática da inserção, mediante emenda parlamentar no processo legislativo de conversão de medida provisória em lei, de matérias de conteúdo temático estranho ao objeto originário da medida provisória.

2. Em atenção ao princípio da segurança jurídica (arts. 1º e 5º, XXXVI, CRFB), mantém-se hígidas todas as leis de conversão fruto dessa prática promulgadas até a data do presente julgamento, inclusive aquela impugnada nesta ação.

3. Ação direta de inconstitucionalidade julgada improcedente por maioria de votos. (Brasil, 2016a)

Tendo a casa revisora promovido alguma emenda de alteração substancial, o projeto de lei retorna à casa inicial para que esta a aprecie, podendo mantê-la ou rejeitá-la. Em outras palavras, as "alterações realizadas pela Casa Revisora serão examinadas pela Casa Inicial, que somente as pode aprovar ou rejeitar, mas não as modificar. A votação deve ser realizada de maneira global, autorizada a cisão das ementadas quando se tratar de artigos, parágrafos e alíneas [...]" (Nery Junior; Abboud, 2017, p. 558).

Nesse sentido, entendemos que a casa iniciadora precisa apreciar apenas as emendas. Como esclarece Fernandes (2010, p. 678):

> Ela não aprecia novamente o PLO, e sim as emendas que foram agregadas pela Casa Revisora. [...] Será vedada a apresentação de subemendas (isso visa evitar um ciclo vicioso) e, se rejeitadas as emendas apresentadas, o projeto de lei que tinha sido aprovado na Casa Iniciadora (portanto, sem as emendas) vai ser encaminhado para sanção ou veto do Presidente da República.

Desse modo, é possível identificar que a casa iniciadora desfruta de mais relevância que a casa revisora porque é sua prerrogativa aprovar ou rejeitar, no todo ou em parte, as emendas propostas pela casa revisora, encaminhando o projeto de lei para a próxima fase – de deliberação executiva pelo presidente da república –, sem que exista qualquer instrumento por meio do qual a casa revisora possa fazer valer suas emendas frente à sua rejeição pela casa iniciadora. "É a esta que compete, pois, a decisão do texto final do projeto de lei a ser remetido para sanção ou veto pelo Chefe do Poder Executivo" (Motta, 2019, p. 639).

A deliberação e a votação, que estruturam a fase constitutiva do projeto de lei, são verdadeiras garantias constitucionais do viés democrático inserido no processo legislativo, de forma que "não há aprovação de projeto sem votação, não se prevê hipótese de aprovação por decurso de prazo, mas o prazo para votação pode ser acelerado, a requerimento do Presidente da República nos projetos de sua iniciativa [o que é denominado regimento de urgência constitucional]" (Mendes; Branco, 2018, p. 989).

Por fim, se o projeto de lei for rejeitado por qualquer das casas legislativas, ele é arquivado e sua matéria somente será objeto de novo projeto de lei na mesma sessão legislativa ordinária, mediante a deliberação da maioria absoluta dos membros da Câmara dos Deputados ou do Senado Federal, nos termos do art. 67 da CF:

Art. 67. A matéria constante de projeto de lei rejeitado somente poderá constituir objeto de novo projeto, na mesma sessão legislativa, mediante proposta da maioria absoluta dos membros de qualquer das Casas do Congresso Nacional. (Brasil, 1988)

Após a aprovação do projeto de lei pelas duas casas legislativas, com ou sem emendas, o projeto é encaminhado ao presidente para a chamada *deliberação executiva*. Nesse momento, ele tem três opções: (1) sancionar, (2) vetar ou (3) vetar parcialmente.

— 2.2.2 —
Deliberação executiva

A deliberação executiva é o ato de intervenção presidencial no processo legislativo brasileiro. É o momento no qual cabe a ele analisar o projeto de lei aprovado pelo Congresso Nacional para ou sancioná-lo ou vetá-lo (total ou parcialmente). Em outras palavras, é o momento no qual o chefe do Poder Executivo concorda com o trabalho até então realizado pelas casas legislativas e sanciona o projeto ou dele discorda por meio do veto, seja a respeito do texto integral, seja apenas de parte dele.

As razões dessas manifestações podem ser tanto jurídicas quanto políticas – baseadas em conveniência e oportunidade. Nesse contexto, "o Presidente da República tem importante participação no processo legislativo brasileiro, porque pode expressar sua concordância, sancionando o projeto de lei, ou declarar a divergência, vetando-o" (Silva Neto, 2010, p. 424).

É importante salientar que não pode haver qualquer alteração do texto do projeto de lei por parte do chefe do Poder Executivo. Sua atuação cinge-se tão somente ao "texto formalmente consubstanciado, o autógrafo, que deve retratar, com fidelidade, o projeto de lei aprovado pelo Congresso Nacional" (ADI n. 1.393, citada por Bulos, 2010, p. 517).

Caso o projeto seja aprovado na casa iniciadora e na casa revisora, esta encaminha-o ao presidente para sanção ou veto. Todavia, caso o projeto de lei seja encaminhado pela casa iniciadora à casa revisora e lá sofra emendas, deve retornar à casa iniciadora para deliberação somente em relação às emendas, podendo-se mantê-las ou rejeitá-las. Da decisão de manutenção ou rejeição das emendas, o projeto de lei é encaminhado da casa iniciadora à presidência da república para sanção ou veto.

Sanção

A sanção é o ato de concordância do presidente que torna o projeto de lei, de fato, uma lei. Nesses termos, conforme determina a CF, "a Casa na qual tenha sido concluída a votação enviará o projeto de lei ao Presidente da República, que, **aquiescendo, o sancionará**" (Brasil, 1988, art. 66, grifo nosso).

A sanção configura-se como um ato de concordância irretratável, irrevogável e unilateral, pois transforma o projeto de lei em lei. Tal ato pode ser **expresso**, caso haja assentimento explícito do chefe do Poder Executivo dentro do prazo de 15 dias do recebimento do projeto de lei; ou **tácito**, se o presidente não se pronunciar no mesmo prazo de 15 dias a partir do recebimento do projeto de lei, nos termos do art. 66, parágrafo 3º, da CF: "Decorrido o prazo de quinze dias, o silêncio do Presidente da República importará sanção" (Brasil, 1988).

Muito se discute sobre a possibilidade de o chefe do Poder Executivo sancionar projeto de lei maculado pela inconstitucionalidade decorrente da **nomodinâmica da norma**, que é o vício formal decorrente do descumprimento das normas constitucionais que pautam o devido processo legislativo constitucional previsto para a elaboração dos atos normativos primários.

Essa inconstitucionalidade formal pode ser de **natureza orgânica ou subjetiva**, quando reste prejudicado, por exemplo, o exercício da iniciativa para deflagrar o processo legislativo no que tange ao art. 60, incisos I a III e art. 61, ambos da CF/1988; de **natureza formal propriamente dita**, que envolve todo o processo legislativo, seja na fase inicial, seja na fase constitutiva, seja na fase complementar, consistindo em um efetivo desrespeito às normas procedimentais estabelecidas pelo texto constitucional, como a inobservância do quórum para deliberação ou aprovação do projeto de lei pelas casas legislativas.

A regra é que, se o projeto de lei for de iniciativa privativa do presidente da república "a sanção a projeto de lei não tem o condão de sanar vício de inconstitucionalidade formal. A mera vontade do Chefe do Executivo é juridicamente insuficiente para convalidar chagas provenientes do descumprimento da Constituição [...]" (Bulos, 2010, p. 517).

De acordo com Silva Neto (2010, p. 425), isso ocorre porque,

> evidentemente, as prescrições constitucionais, referentes à iniciativa reservada do Chefe do Poder Executivo, visam disciplinar o desencadeamento da proposição legislativa exclusivamente por parte daquele que, no juízo do legislador constituinte originário, tem a responsabilidade de conduzir a Administração Pública, de modo marcante, no que se refere à gestão da receita do Estado.

Entende-se, portanto, que "sanção presidencial não convalida vício de iniciativa. Trata-se de vício formal insanável, incurável" (Lenza, 2013, p. 599). Nesse sentido, também se posiciona o STF:

> REGIME JURÍDICO DOS SERVIDORES PÚBLICOS ESTADUAIS. APOSENTADORIA E VANTAGENS FINANCEIRAS. INCONSTITUCIONALIDADE FORMAL. VÍCIO QUE PERSISTE, NÃO OBSTANTE A SANÇÃO DO RESPECTIVO PROJETO DE LEI. PRECEDENTES.
>
> 1. Dispositivo legal oriundo de emenda parlamentar referente aos servidores públicos estaduais, sua aposentadoria e vantagens financeiras. Inconstitucionalidade formal em face do disposto no artigo 61, §1º, II, 'c', da Carta Federal.
>
> 2. É firme na jurisprudência do Tribunal que a sanção do projeto de lei não convalida o defeito de iniciativa [...]. (Brasil, 2001)

O debate sobre a possibilidade ou não de convalidação de nulidade na fase inicial do processo legislativo por usurpação da iniciativa do presidente da república se desdobrou no STF em razão da Súmula n. 5, de 13 de dezembro de 1963 (Brasil, 1964), que garantia à sanção presidencial a possibilidade de suprimir a falta de iniciativa correta.

Segundo Mendes e Branco (2018, p. 990), a

> Súmula 5 foi objeto de críticas diversas, como a de que ela não atentaria para que o vício de inconstitucionalidade ocorrido em uma etapa do processo legislativo contamina de nulidade inconvalidável a lei que dele surge, bem assim a de que o Presidente da República não pode desvestir-se das prerrogativas que a Constituição lhe assina. Objetou-se, mais, que a tese sumulada pode provocar o embaraço político ao Chefe do Executivo. O que a Constituição quis precisamente evitar, ao lhe reservar a iniciativa do projeto. A Súmula, afinal, embora nunca tenha sido formalmente cancelada, foi sendo relegada na prática, até eu se firmou que a inteligência sumulada não é mais aplicável. Portanto, hoje, tem-se por certo que mesmo vindo o Chefe do Executivo a sancionar lei com vício de iniciativa, o diploma será inválido.

Isso ocorreu porque o entendimento majoritário é de que a Súmula n. 5 do STF, que declara que "A sanção do projeto supre a falta de iniciativa do Poder Executivo" (Brasil, 1964), restou superada.

O desrespeito à prerrogativa e iniciar o processo de positivação formal do Direito, gerado pela usurpação do poder sujeito à cláusula e reserva, traduz vício jurídico de gravidade inquestionável, cuja ocorrência reflete típica hipótese de inconstitucionalidade formal, apta a infirmar, de modo irremissível, a própria integridade jurídica do ato legislativo eventualmente editado.

Dentro desse contexto – em que se ressalta a imperatividade da vontade subordinante do poder constituinte –, nem mesmo a aquiescência do Chefe do Executivo mediante sanção ao projeto de lei, ainda quando dele seja a prerrogativa usurpada, tem o condão de sanar esse defeito jurídico radical.

Por isso mesmo, a tese da convalidação das leis resultantes do procedimento inconstitucional de usurpação – ainda que admitida por esta Corte sob a égide da Constituição de 1946 (Súmula n. 5) – não mais prevalece, repudiada que foi seja em face do magistério da doutrina [...], seja, ainda, em razão da jurisprudência dos Tribunais, inclusive a desta Corte [...]. (Brasil, 2017)

Nesse sentido, mesmo que uma corrente doutrinária minoritária defenda a aplicação da **teoria da convalidação condicionada** – para a qual existem situações em que não se pode preterir a prerrogativa de iniciativa privativa (reservada) do chefe do Executivo em detrimento do interesse ou da necessidade da coletividade em razão de uma omissão injustificável, sobrepujando a sociedade à espera da providência do administrador e possibilitando a convalidação do vício formal de iniciativa por meio da sanção presidencial – não tem sido este o entendimento do STF.

Veto

O veto é o ato de deliberação executiva que representa a discordância do presidente da república ao projeto de lei aprovado pelas casas legislativas. Ele deve ocorrer no prazo de 15 dias a contar da data de recebimento do projeto, e decorrido *in albis* (em branco/sem manifestação) o referido prazo, ocorre automaticamente a chamada *sanção tácita*, como já abordamos no item anterior. De acordo com o trâmite legislativo constitucionalmente previsto, nos termos do art. 66, parágrafo 1º, da CF,

> Se o Presidente da República considerar o projeto, no todo ou em parte, **inconstitucional** ou **contrário ao interesse público**, vetá-lo-á total ou parcialmente, no prazo de **quinze dias úteis**, contados da data do recebimento, e comunicará, dentro de quarenta e oito horas, ao Presidente do Senado Federal os **motivos do veto**. (Brasil, 1988, grifo nosso)

Portanto, é possível que o veto presidencial seja **total**, abrangendo completamente o conteúdo do projeto de lei aprovado pelo Congresso Nacional e a ele apresentado; ou **parcial**, na hipótese de o veto atingir apenas texto integral de artigo, parágrafo, inciso ou alínea, nos termos do art. 66, parágrafo 2º, da CF. Essa limitação se impõe ao presidente da república porque cumpre apenas aos parlamentares o exercício do poder de emendar.

Desse modo,

> inegavelmente, trata-se de impedir que a supressão de parte do preceptivo altere-lhe a substância normativa, como, por exemplo, na hipótese de enviado determinado projeto para sanção que fixa comportamento proibido ('*não será permitido isso ou aquilo*'), que a atuação do Presidente mediante veto parcial, suprimindo-lhe a locução negativa, torne permitido o que antes era expressamente vedado ('*será permitido isso ou aquilo*'). (Silva Neto, 2010, p. 428, grifo do original)

Após a declaração do veto, total ou parcial, o chefe do Executivo tem o prazo de 48 horas para comunicar ao presidente do Senado Federal quais são os motivos do veto. Dessa forma, considerando as razões que podem ensejar a declaração do veto, seu motivo pode ser:

- **Jurídico** – Quando o projeto é inconstitucional e, portanto, confronta formalmente – quanto ao procedimento do processo legislativo – ou materialmente – no que se refere ao conteúdo/objeto de lei – a CF. Trata-se de um instrumento de controle de constitucionalidade político e preventivo a ser exercido pelo chefe do Poder Executivo, ainda que seja relativo e superável (Motta, 2019).
- **Político** – Quando é contrário ao interesse público; em outras palavras, inconveniente ou inoportuno.
- **Político-jurídico** – Quando, além de inconstitucional, é contrário ao interesse público.

Diante do texto constitucional e de sua natureza, o veto apresenta algumas características:

- **Expresso** e **formal**, pois, caso não seja declarado no prazo de 15 dias, "o silêncio do Presidente da República importará sanção" (Fernandes, 2010, p. 680);
- **Irretratável**, considerando que, "se o Chefe do Executivo vetar o projeto, ele não poderá voltar atrás e modificar seu entendimento. Portanto, uma vez explicitado o veto com suas razões, esse ato se torna impossível de alteração pelo Presidente da República" (Fernandes, 2010, p. 680);
- **Motivado**, uma vez que, após fazê-lo, o chefe do Poder Executivo tem o prazo de 48 horas para comunicar ao presidente do Senado as razões do ato, sejam jurídicas, sejam políticas, sejam jurídico-políticas;
- **Supressivo total**, quando abranger todo o projeto de lei aprovado no Congresso Nacional na íntegra;
- **Parcial**, no sentido de abranger apenas textos de artigo, parágrafo, inciso ou alínea, nos termos do art. 66, parágrafo 2º, da CF:

> Art. 66. A Casa na qual tenha sido concluída a votação enviará o projeto de lei ao Presidente da República, que, aquiescendo, o sancionará.
>
> [...]
>
> § 2º O veto parcial somente abrangerá texto integral de artigo, de parágrafo, de inciso ou de alínea. (Brasil, 1988)

A **relatividade** do veto presidencial no processo legislativo brasileiro se define por ser um ato passível de superação, em razão do disposto no art. 66, parágrafo 4º, da CF, de acordo com o qual "comunicado o presidente do Senado, no prazo de quarenta e oito horas, o Congresso Nacional poderá derrubá-lo, pronunciando-se por maioria absoluta de seus membros, em sessão conjunta, realizada em trinta dias a contar do seu recebimento" (Silva Neto, 2010, p. 428). Como é possível verificar no texto constitucional:

> § 4º O veto será apreciado em sessão conjunta, dentro de trinta dias a contar de seu recebimento, só podendo ser rejeitado pelo voto da maioria absoluta dos Deputados e Senadores. (Brasil, 1988)

Caso o projeto seja vetado total ou parcialmente pelo presidente, o Congresso Nacional analisa o veto, dentro do prazo de 30 dias úteis (art. 66, §4º da CF/1988) contados a partir da protocolização do veto na presidência do Senado Federal, podendo rejeitá-lo ou mantê-lo. Se o veto for rejeitado por maioria absoluta do Congresso Nacional em sessão conjunta, a lei é remetida ao chefe do Executivo para promulgação e publicação no prazo de 48 horas, contado da comunicação da derrubada do veto.

Todavia, caso o veto seja mantido, o projeto de lei é arquivado e, por força do **princípio da irrepetibilidade**, seu conteúdo apenas pode ser objeto de novo projeto, na mesma sessão legislativa ordinária, mediante proposta da maioria absoluta dos membros de qualquer das casas do Congresso Nacional, conforme dispõe o art. 67 da CF/1988.

Se o Congresso Nacional não deliberar sobre o veto no prazo estabelecido constitucionalmente de 30 dias a contar da data de seu recebimento, ele será colocado na ordem do dia da sessão imediata, ficando sobrestadas (paralisadas) as demais proposições até sua votação final. Vale salientar que "as proposições que ficarão sobrestadas são as de tramitação conjunta do Congresso Nacional, portanto, as votações do Congresso (e não da Câmara e do Senado separadamente!) ficarão paralisadas até que se ultime a apreciação (votação) do veto" (Fernandes, 2010, p. 682).

— 2.3 —
Processo legislativo ordinário: fase complementar

A fase constitutiva finaliza-se com a sanção do presidente da república ou com a rejeição do veto pelo voto da maioria absoluta, em sessão conjunta, do Congresso Nacional e, assim, inicia-se a fase complementar do processo legislativo, composta de dois atos: (1) promulgação e (2) publicação.

— 2.3.1 —
Promulgação

Se a sanção ou a derrubada do veto fazem do projeto de lei uma lei propriamente dita, a promulgação é seu atestado de existência e executoriedade. "Apesar de ainda não estar em vigor e não ser eficaz, pelo ato da promulgação certifica-se o nascimento da lei" (Lenza, 2013, p. 625).

Na mesma vertente, entende-se que

> a promulgação não passa de mera comunicação aos destinatários da lei que esta foi criada com determinado conteúdo. Nesse sentido, pode-se dizer que é o meio de constatar a existência da lei; esta é perfeita antes de ser promulgada; a promulgação não faz a lei, mas os efeitos dela somente se produzem depois daquela. (Silva, 2014, p. 458)

Considerando que a lei já foi constituída na fase anterior e o momento da promulgação apenas declara sua existência e "gera a presunção de que é válida e potencialmente obrigatória. Resultado: promulgada a lei, tem-se a certeza da sua autenticidade, porque é gerada uma presunção relativa, ou *júris tantum*, de sua constitucionalidade" (Bulos, 2010, p. 518).

Por essa razão, na prática, o correto é dizer que o "presidente da república sancionou o projeto de lei" (tornando-o lei) e que "a lei foi promulgada".

A lei, em regra, é promulgada pelo próprio presidente da república, mesmo no caso de seu veto ter sido derrubado pelo Congresso Nacional (art. 66, §5º, da CF/1988) ou de sanção tácita (art. 66, §3º, da CF/1988).

Contudo, caso ele não a promulgue dentro do prazo de 48 horas, a lei é promulgada pelo presidente do Senado Federal; se este também não o fizer no prazo de 48 horas, a tarefa caberá ao vice-presidente do Senado Federal, nos termos do art. 66, parágrafo 7º, da CF:

> §7º Se a lei não for promulgada dentro de quarenta e oito horas pelo Presidente da República, nos casos dos § 3º e § 5º, o Presidente do Senado a promulgará, e, se este não o fizer em igual prazo, caberá ao Vice-Presidente do Senado fazê-lo. (Brasil, 1988, art. 66)

— 2.3.2 —
Publicação

A publicação é o último ato do processo legislativo que tem o condão de tornar a lei recém-formada oficialmente **pública**, uma vez que "conduz o texto normativo ao conhecimento de todos aqueles que serão obrigados a cumprir o texto, se colocando como uma condição de eficácia da lei" (Fernandes, 2010, p. 683), bem como **obrigatória** e **exigível** em todo território nacional, condição para que entre em vigor e torne-se eficaz.

No que se refere ao trâmite, a publicação se dá, em regra, pelo Diário Oficial da União. De modo que, uma vez publicada, a lei entra em vigor e a todos se dirige, produzindo efeitos *erga omnes*, pois a ninguém é dado seu desconhecimento. Conforme o art. 3º da Lei de Introdução às Normas do Direito Brasileiro (Decreto-Lei n. 4.657, de 4 de setembro de 1942), "Ninguém se escusa de cumprir a lei, alegando que não a conhece" (Brasil, 1942).

Todavia, caso o texto normativo nada declare acerca do início de sua vigência, a lei entrará em vigor em 45 dias em todo o país, e três meses após o ato em que foi publicada no estrangeiro, durante o período da *vacatio legis*.

> Art. 1º Salvo disposição contrária, a lei começa a vigorar em todo o país quarenta e cinco dias depois de oficialmente publicada.
>
> § 1º Nos Estados, estrangeiros, a obrigatoriedade da lei brasileira, quando admitida, se inicia três meses depois de oficialmente publicada. (Brasil, 1942)

Em síntese, no processo legislativo ordinário (comum), utilizado para a elaboração da lei ordinária, o projeto de lei é apresentado por um dos legitimados do art. 61 da CF; passa, necessariamente, por ambas as casas legislativas do Congresso Nacional, figurando uma delas como casa iniciadora, e a outra, como casa revisora, diante das quais há discussão e votação.

Caso o projeto de lei ordinária seja rejeitado, este será arquivado e seu conteúdo poderá ser objeto de nova deliberação apenas diante da proposta da maioria absoluta dos membros de qualquer das casas do Congresso Nacional. Se houver emendas pela casa revisora, o projeto de lei será novamente apreciado pela casa iniciadora; se aprovado pelos parlamentares, o projeto passa à próxima fase, de deliberação executiva.

O presidente da república pode sancionar ou vetar – total ou parcialmente – o projeto de lei; caso seja vetado, retornará ao Congresso Nacional para análise do veto; se sancionado ou derrubado o veto, o projeto de lei se torna lei, que tem sua existência declarada por meio da promulgação e sua ciência dada à nação por meio da publicação.

Confira a Figura 2.2, que ilustra esse trâmite.

Lei complementar e lei ordinária

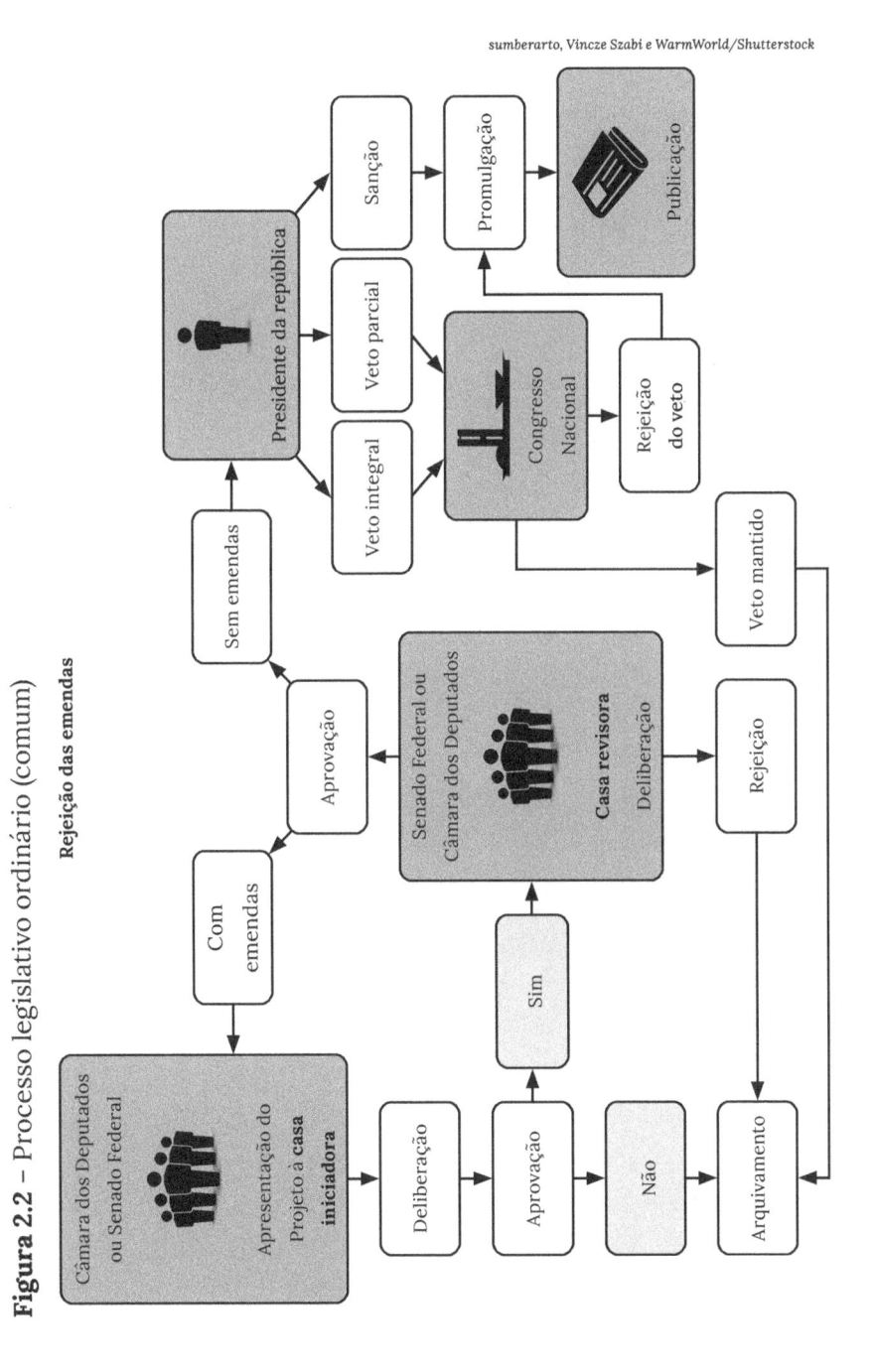

Figura 2.2 – Processo legislativo ordinário (comum)
Rejeição das emendas

sumberarto, Vincze Szabi e WarmWorld/Shutterstock

Capítulo 3

Proposta de emenda constitucional

A emenda constitucional é espécie do gênero reforma constitucional, razão pela qual se torna imperioso considerar que a Constituição Federal (CF) brasileira é **rígida**, isto é, tem conteúdos intocáveis – cláusulas pétreas –, mas pode ser modificada por meio de um processo especial, mais complexo e difícil do que as demais normas do ordenamento jurídico. Segundo Mendes e Branco (2018, p. 117),

> Embora as constituições sejam concebidas para durar no tempo, a evolução dos fatos sociais pode reclamar ajustes na vontade expressa no documento do poder constituinte originário. Para prevenir os efeitos nefastos de um engessamento de todo o texto constitucional, o próprio poder constituinte originário prevê a possibilidade de um poder, por ele instituído, vir a alterar a Lei Maior.

Como explica Bulos (2010, p. 107, grifo do original), a "*emenda constitucional* é o recurso instituído pelo poder constituinte originário para realizar modificações em *pontos específicos e localizados* do texto maior". Dessa forma, os limites impostos ao **poder constituinte derivado**, também conhecido como *reformador*, buscam

> proibir reformas constitucionais inoportunas, assegurando a estabilidade da constituição; resguardar direitos e garantias fundamentais, mantendo estruturas e competências, com

vistas à defesa da ordem jurídica; e balizar o controle de constitucionalidade das leis e dos atos normativos, impedindo violações à supremacia. (Bulos, 2010, p. 75)

Portanto, os limites asseguram a estabilidade da CF, resguardando direitos e garantias e balizando o chamado *controle de constitucionalidade*.

— 3.1 —
Limites do poder reformador

As emendas constitucionais são atos normativos primários que garantem a possibilidade de, mediante processo e quórum especiais, agregar, alterar ou suprimir disposições ao texto constitucional, observadas as limitações impostas pela rigidez da CF, definidas previamente pelo poder constituinte originário.

Nesse sentido, "as emendas constitucionais são fruto do trabalho do poder constituinte derivado reformador, por meio do qual se altera o trabalho do poder constituinte originário, pelo acréscimo, modificação ou supressão de normas" (Lenza, 2013, p. 627).

Ademais, considerando a rigidez constitucional, o processo legislativo especial que visa ao acréscimo, à mudança ou à supressão de qualquer conteúdo a seu texto segue um rito mais dificultoso e diferente, diante do qual é preciso observar as limitações impostas ao exercício do poder reformador.

— 3.1.1 —
Limites expressos

Limites expressos, ou seja, declarados nos dispositivos do texto constitucional, são os limites circunstanciais, formais e materiais que impedem o exercício do poder constituinte derivado de promover a reforma (modificação) da Carta Magna, o que se dá apenas por meio da proposta de emenda constitucional (PEC).

Limites circunstanciais

Os limites circunstanciais à PEC dizem respeito a momentos de crise, nos quais a segurança nacional ou a democracia estejam fragilizadas. Nesse contexto, para a segurança dos direitos e garantias até então previstos, o texto constitucional não pode sofrer qualquer tipo de alteração, conforme disposto no art. 60, parágrafo 1º, da CF:

> A **Constituição não poderá ser emendada** na vigência de intervenção federal [art. 34 da CF], de estado de defesa [art. 136 da CF] ou estado de sítio [art. 137 da CF]. (Brasil, 1988, grifo nosso).

A decretação dessas medidas compete privativamente ao presidente da república, nos termos do art. 84, incisos IX e X, da CF: "Compete privativamente ao Presidente da República: IX - decretar o estado de defesa e o estado de sítio; X - decretar e executar a intervenção federal" (Brasil, 1988).

A **intervenção federal** é uma situação de anormalidade, durante a qual, excepcionalmente, a Carta Magna prevê a possibilidade de supressão da autonomia dos entes federados (Estados e Distrito Federal). Essa hipótese deve ser interpretada restritivamente, consubstanciando-se, portanto, um rol taxativo de intervenção da União nos Estados e no Distrito Federal, conforme dispõe a CF:

> Art. 34. A União não intervirá nos Estados nem no Distrito Federal, **exceto para**:
>
> I – manter a integridade nacional;
>
> II – repelir invasão estrangeira ou de uma unidade da Federação em outra;
>
> III – pôr termo a grave comprometimento da ordem pública;
>
> IV – garantir o livre exercício de qualquer dos Poderes nas unidades da Federação;
>
> V – reorganizar as finanças da unidade da Federação que:
>
> a) suspender o pagamento da dívida fundada por mais de dois anos consecutivos, salvo motivo de força maior;
>
> b) deixar de entregar aos Municípios receitas tributárias fixadas nesta Constituição, dentro dos prazos estabelecidos em lei;
>
> VI – prover a execução de lei federal, ordem ou decisão judicial;
>
> VII – assegurar a observância dos seguintes princípios constitucionais:
>
> a) forma republicana, sistema representativo e regime democrático;

b) direitos da pessoa humana;

c) autonomia municipal;

d) prestação de contas da administração pública, direta e indireta.

e) aplicação do mínimo exigido da receita resultante de impostos estaduais, compreendida a proveniente de transferências, na manutenção e desenvolvimento do ensino e nas ações e serviços públicos de saúde. (Brasil, 1988, grifo nosso)

Por sua vez, o **estado de defesa** e o **estado de sítio** são medidas excepcionais que visam promover a defesa do Estado e das instituições democráticas, por meio do chamado *sistema constitucional de crises*. São, portanto,

> normas que visam à estabilização e à defesa da Constituição contra processos violentos de mudança ou perturbação da ordem constitucional, mas também à defesa do Estado quando a situação crítica derive de guerra externa. Então a legalidade normal é substituída por uma legalidade extraordinária, que define e rege o estado de exceção. (Silva, 2014, p. 617-618)

Todavia, é importante ressaltar que esses mecanismos devem "respeitar o princípio da **necessidade**, sob pena de configurar **arbítrio** e verdadeiro **golpe de estado**, bem como o princípio da **temporariedade**, sob pena de configurar verdadeira **ditadura**" (Lenza, 2013, p. 988, grifo do original), demonstrando que sua instrumentalidade é passageira e jamais deve ser perene.

O estado de defesa é um importante instrumento constitucional e tem por finalidade a preservação e o restabelecimento da ordem pública e da paz social quando estiverem ameaçadas por grave e iminente instabilidade institucional ou afetadas por calamidades de grandes proporções na natureza. Nos termos do texto constitucional:

> Art. 136. O Presidente da República pode, ouvidos o Conselho da República e o Conselho de Defesa Nacional, decretar Estado de defesa para preservar ou prontamente restabelecer, em locais restritos e determinados, a ordem pública ou a paz social ameaçadas por grave e iminente instabilidade institucional ou atingidas por calamidades de grandes proporções na natureza. (Brasil, 1988)

O decreto que o instituir deve determinar seu tempo de duração, as áreas abrangidas e as medidas coercitivas a serem aplicadas, sendo submetido, no prazo de 24 horas, à apreciação do Congresso Nacional, que decide por maioria absoluta dentro de 10 dias, conforme estabelece o art. 136, parágrafos 4º, 5º e 6º, da CF/1988.

Ao contrário do estado de defesa (no qual depois de decretado, ocorre a submissão para análise do Congresso Nacional), o presidente da república deve solicitar autorização do Congresso Nacional para a decretação do estado de sítio nos casos de:

I – comoção grave de repercussão nacional ou ocorrência de fatos que comprovem a ineficácia de medida tomada durante o estado de defesa;

II – declaração de estado de guerra ou resposta a agressão armada estrangeira. (Brasil, 1988, art. 137)

O estado de sítio pressupõe situação de maior gravidade do que o estado de defesa, que apresenta uma repercussão restrita, em local determinado (e não nacional, como o inciso I anteriormente descrito); ou que, por outra razão, tenha sido decretado, mas se tornado ineficaz.

Limites formais

Os limites formais estão relacionados, especificamente, ao processo legislativo especial previsto para a emenda constitucional, como a lista dos proponentes legitimados à iniciativa da PEC, que é muito mais restrita; o quórum de votação para aprovação de maioria qualificada, assim como o processo mais dificultoso de aprovação em dois turnos nas duas casas legislativas e a imposição do princípio da irrepetibilidade de forma absoluta em relação à proposta eventualmente rejeitada e arquivada.

Assim, o primeiro limite formal que se impõe à PEC relaciona-se aos **legitimados para sua propositura**, que compõem a fase inicial do respectivo processo legislativo especial.

Não se trata mais de um amplo rol de iniciativa geral em que constam vários legitimados – como no caso do projeto de lei complementar ou lei ordinária –, mas de um número muito mais restrito de iniciativa concorrente. De acordo com a CF:

> Art. 60. A Constituição poderá ser emendada mediante proposta:
>
> I – de um terço, no mínimo, dos membros da Câmara dos Deputados ou do Senado Federal;
>
> II – do Presidente da República;
>
> III – de mais da metade das Assembleias Legislativas das unidades da Federação, manifestando-se, cada uma delas, pela maioria relativa de seus membros. (Brasil, 1988)

Já no decorrer da fase constitutiva, a deliberação parlamentar é diferente, exigindo-se, nesse contexto, a **votação em dois turnos e a aprovação pelo quórum de maioria qualificada de três quintos dos votos em cada casa legislativa**: "A proposta será discutida e votada em cada Casa do Congresso Nacional, em dois turnos, considerando-se aprovada se obtiver, em ambos, três quintos dos votos dos respectivos membros" (Brasil, 1988, art. 60, § 2º).

No que se refere ao interstício entre os dois turnos de votação constitucionalmente previstos, o Supremo Tribunal Federal (STF) decidiu, na Ação Direta de Inconstitucionalidade (ADI)

n. 4.425-DF, julgada em 14 de março de 2013, que não haveria um padrão constitucional estabelecendo o tempo mínimo de intervalo entre eles:

> EMENTA: DIREITO CONSTITUCIONAL. REGIME DE EXECUÇÃO DA FAZENDA PÚBLICA MEDIANTE PRECATÓRIO. EMENDA CONSTITUCIONAL Nº 62/2009. INCONSTITUCIONALIDADE FORMAL NÃO CONFIGURADA. INEXISTÊNCIA DE INTERSTÍCIO CONSTITUCIONAL MÍNIMO ENTRE OS DOIS TURNOS DE VOTAÇÃO DE EMENDAS À LEI MAIOR (CF, ART. 60, §2º). CONSTITUCIONALIDADE DA SISTEMÁTICA DE "SUPERPREFERÊNCIA" A CREDORES DE VERBAS ALIMENTÍCIAS QUANDO IDOSOS OU PORTADORES DE DOENÇA GRAVE. RESPEITO À DIGNIDADE DA PESSOA HUMANA E À PROPORCIONALIDADE. INVALIDADE JURÍDICOCONSTITUCIONAL DA LIMITAÇÃO DA PREFERÊNCIA A IDOSOS QUE COMPLETEM 60 (SESSENTA) ANOS ATÉ A EXPEDIÇÃO DO PRECATÓRIO. DISCRIMINAÇÃO ARBITRÁRIA E VIOLAÇÃO À ISONOMIA (CF, ART. 5º, CAPUT). INCONSTITUCIONALIDADE DA SISTEMÁTICA DE COMPENSAÇÃO DE DÉBITOS INSCRITOS EM PRECATÓRIOS EM PROVEITO EXCLUSIVO DA FAZENDA PÚBLICA. EMBARAÇO À EFETIVIDADE DA JURISDIÇÃO (CF, ART. 5º, XXXV), DESRESPEITO À COISA JULGADA MATERIAL (CF, ART. 5º XXXVI), OFENSA À SEPARAÇÃO DOS PODERES (CF, ART. 2º) E ULTRAJE À ISONOMIA ENTRE O ESTADO E O PARTICULAR (CF, ART. 1º, CAPUT, C/C ART. 5º, CAPUT). IMPOSSIBILIDADE JURÍDICA DA UTILIZAÇÃO DO ÍNDICE DE REMUNERAÇÃO DA CADERNETA DE POUPANÇA

COMO CRITÉRIO DE CORREÇÃO MONETÁRIA. VIOLAÇÃO AO DIREITO FUNDAMENTAL DE PROPRIEDADE (CF, ART. 5º, XXII). INADEQUAÇÃO MANIFESTA ENTRE MEIOS E FINS. INCONSTITUCIONALIDADE DA UTILIZAÇÃO DO RENDIMENTO DA CADERNETA DE POUPANÇA COMO ÍNDICE DEFINIDOR DOS JUROS MORATÓRIOS DOS CRÉDITOS INSCRITOS EM PRECATÓRIOS, QUANDO ORIUNDOS DE RELAÇÕES JURÍDICO-TRIBUTÁRIAS. DISCRIMINAÇÃO ARBITRÁRIA E VIOLAÇÃO À ISONOMIA ENTRE DEVEDOR PÚBLICO E DEVEDOR PRIVADO (CF, ART. 5º, CAPUT). INCONSTITUCIONALIDADE DO REGIME ESPECIAL DE PAGAMENTO. OFENSA À CLÁUSULA CONSTITUCIONAL DO ESTADO DE DIREITO (CF, ART. 1º, CAPUT), AO PRINCÍPIO DA SEPARAÇÃO DE PODERES (CF, ART. 2º), AO POSTULADO DA ISONOMIA (CF, ART. 5º, CAPUT), À GARANTIA DO ACESSO À JUSTIÇA E A EFETIVIDADE DA TUTELA JURISDICIONAL (CF, ART. 5º, XXXV) E AO DIREITO ADQUIRIDO E À COISA JULGADA (CF, ART. 5º, XXXVI). PEDIDO JULGADO PROCEDENTE EM PARTE.

1. A Constituição Federal de 1988 não fixou um intervalo temporal mínimo entre os dois turnos de votação para fins de aprovação de emendas à Constituição (CF, art. 62, § 2º), de sorte que inexiste parâmetro objetivo que oriente o exame judicial do grau de solidez da vontade política de reformar a Lei Maior. (Brasil, 2013)

Todavia, o posicionamento do Ministro Gilmar Mendes (citado por Mendes; Branco, 2018, p. 119) é de que não obstante, em plano doutrinário, pode-se arguir que o propósito de propiciar mais agudo e extenso debate em torno da atividade de maior importância no campo da produção legislativa – a elaboração de normas constitucionais – parece ser incompatível com a adoção de interregnos ínfimos, por vezes de minutos, entre uma votação e outra.

Quanto à aprovação da PEC por ambas as casas legislativas do Congresso Nacional, importa considerar que, diferentemente do que ocorre no processo legislativo ordinário (comum) de elaboração da lei ordinária, tanto a casa inicial quanto a casa revisora "devem anuir ao texto da emenda, para que ela prospere; não basta, por isso, para que a proposta de emenda seja aprovada, que a Casa em que se iniciou o processo rejeite as alterações à sua proposta produzidas na outra Casa" (Mendes; Branco, 2018, p. 119).

Durante a fase de deliberação parlamentar, caso a PEC seja rejeitada e arquivada, não é possível a apreciação do mesmo conteúdo material mediante nova proposta na mesma sessão legislativa, em razão do **princípio da irrepetibilidade absoluta** incidente nesse processo legislativo especial, nos termos do art. 60, parágrafo 5º, da CF: "A matéria constante de proposta de emenda rejeitada ou havida por prejudicada não pode ser objeto de nova proposta na mesma sessão legislativa" (Brasil, 1988).

Na perspectiva do STF no Mandado de Segurança n. 22.503-3-DF, julgado em 8 de maio de 1996 (Brasil, 1997), trata-se não apenas de um limite procedimental à competência reformadora do poder constituinte derivado, mas também de um direito público subjetivo dos parlamentares de não serem obrigados a votar PECs contrárias ao princípio da irrepetibilidade absoluta das emendas constitucionais, nos termos do art. 60, parágrafo 5º, da CF/1988.

Na fase constitutiva do processo legislativo especial da emenda constitucional, **não há deliberação executiva** do presidente da república e a **promulgação do ato normativo é feita pelas mesas das casas legislativas**, nos termos do art. 60, parágrafo 3º, da CF: "A emenda à Constituição será promulgada pelas Mesas da Câmara dos Deputados e do Senado Federal, com o respectivo número de ordem" (Brasil, 1988).

Limites materiais

Com relação aos limites materiais, a restrição imposta pelo poder constituinte originário ao poder constituinte derivado reformador está relacionada ao conteúdo proposto pela emenda constitucional. Desse modo, a CF resguarda um núcleo que jamais pode sofrer qualquer modificação, disposto no seu art. 60, parágrafo 4º, e denominado *cláusulas pétreas*.

> § 4º Não será objeto de deliberação a proposta de emenda tendente a abolir:
>
> I – a forma federativa de Estado;
>
> II – o voto direto, secreto, universal e periódico;
>
> III – a separação dos Poderes;
>
> IV – os direitos e garantias individuais. (Brasil, 1988)

As cláusulas pétreas "perfazem um núcleo essencial do projeto do poder constituinte originário, que ele intenta preservar de quaisquer mudanças institucionalizadas" (Mendes; Branco, 2018, p. 121), o que justifica a consagração de perpetuidade destas em relação ao texto constitucional.

— 3.1.2 —
Limites implícitos

Há, por fim, limites implícitos, que não podem sofrer modificações, entre eles, os direitos e garantias fundamentais, que se encontram fundamentados, principalmente, nos arts. 5º a 7º da CF e em tratados internacionais de direitos humanos, devidamente ratificados pelo Brasil.

Outro limite implícito ao poder de reforma é a titularidade, tanto do poder constituinte originário quanto do poder constituinte reformador/derivado. O poder constituinte derivado não pode se exceder aos limites impostos pelo poder constituinte originário, razão pela qual apenas aqueles que detêm a legitimidade de iniciativa legislativa concedida pela CF podem apresentar a PEC.

Considerando a rigidez do texto constitucional e a dificuldade procedimental imposta propositalmente ao processo legislativo de reforma (art. 60, CF/1988), também conhecido como *processo legislativo especial da emenda constitucional*, este também não pode ser objeto de alteração nem mesmo por PEC.

— 3.2 —
Processo legislativo especial da proposta de emenda constitucional

Partindo da premissa de que a PEC é uma prerrogativa do poder constituinte reformador, por meio da qual é possível modificar o texto da Carta Magna – ressalvadas as limitações expressas (materiais, formais e circunstanciais), bem como as implícitas –, analisaremos as fases desse processo legislativo especial voltado à elaboração da emenda constitucional.

A **fase introdutória** do processo legislativo especial da emenda constitucional desencadeia-se por meio da iniciativa concorrente de um rol restrito de legitimados para sua proposição, nos termos do art. 60 da CF:

> Art. 60. A Constituição poderá ser emendada mediante proposta:
>
> I – de um terço, no mínimo, dos membros da Câmara dos Deputados ou do Senado Federal;
>
> II – do Presidente da República;
>
> III – de mais da metade das Assembleias Legislativas das unidades da Federação, manifestando-se, cada uma delas, pela maioria relativa de seus membros. (Brasil, 1988)

Em razão do exposto, não há possibilidade de PEC por iniciativa popular ou reservada, tampouco o texto constitucional prevê a participação dos municípios como legitimados para sua propositura.

A **fase constitutiva**, por sua vez, compreende apenas a deliberação parlamentar, no entanto deve, necessariamente, enfrentar dois turnos de discussão e votação, cuja aprovação é por maioria qualificada, ou seja, três quintos dos membros de cada casa legislativa, nos termos do art. 60, parágrafo 2º, da CF: "A proposta será discutida e votada em cada Casa do Congresso Nacional, em dois turnos, considerando-se aprovada se obtiver, em ambos, três quintos dos votos dos respectivos membros" (Brasil, 1988).

Após aprovação nas duas casas legislativas, inicia-se a **fase complementar**, na qual a promulgação é feita pelas mesas da Câmara dos Deputados e do Senado Federal, com o respectivo número de ordem, e publicada pelo Congresso Nacional, conforme dispõe o art. 60, parágrafo 3º, da CF: "A emenda à Constituição será promulgada pelas Mesas da Câmara dos Deputados e do Senado Federal, com o respectivo número de ordem" (Brasil, 1988).

Dessa forma, a única possível participação do chefe do Executivo no que se refere à emenda constitucional é na fase inicial, por meio da proposta, não havendo deliberação executiva por meio de sanção ou veto, promulgação ou publicação do referido ato normativo pelo presidente da república.

Após ser efetivamente editada e publicada, "o 'produto' da PEC, qual seja, a matéria introduzida, se houver perfeita adequação aos limites indicados, incorporar-se-á ao texto originário, tendo, portanto, força normativa de Constituição" (Lenza, 2013, p. 628). Assim, finalizado o processo legislativo especial da emenda parlamentar, ela se torna efetivamente parte do texto constitucional, ou seja, ato normativo com o mesmo *status* das demais normas constitucionais, diferenciando-se das originárias apenas em sua sujeição ao controle de constitucionalidade.

Capítulo 4

Tratados internacionais de direitos humanos e comuns

Embora os tratados internacionais não estejam previstos como atos normativos primários no art. 59 da Constituição Federal (CF) de 1988, seu estudo, especificamente neste ponto, é proeminente, pois podem assumir o *status* de norma constitucional, norma supralegal e lei ordinária, a depender da matéria que constitua seu objeto, bem como do trâmite de processo legislativo adotado para sua recepção no ordenamento jurídico pátrio.

A Emenda Constitucional n. 45, de 30 de dezembro de 2004 (Brasil, 2004), dirimiu a controvérsia que até então pairava a respeito do *status* normativo dos tratados internacionais de direitos humanos e comuns ao serem recepcionados pelo ordenamento jurídico brasileiro, definindo e incluindo ao texto constitucional o disposto no art. 5º, parágrafo 3º:

> Os tratados e convenções internacionais sobre direitos humanos que forem aprovados, em cada Casa do Congresso Nacional, em dois turnos, por três quintos dos votos dos respectivos membros, serão equivalentes às emendas constitucionais. (Brasil, 1988)

Dessa feita, ao enfrentar o processo legislativo especial de emenda complementar, as normas internacionais gozarão de *status* constitucional, posicionando-se no topo da pirâmide normativa. Contudo, o art. 5º, parágrafo 3º, da CF não impede a aprovação de tratado internacional sobre direitos humanos pelo processo legislativo ordinário (comum), tendo em vista que seu ingresso no âmbito normativo nacional é muito mais célere e facilitado.

Assim ocorrendo, o tratado internacional sobre direitos humanos ingressa na esfera legislativa nacional com *status* de supralegalidade, conforme precedentes do Supremo Tribunal Federal (STF) posteriores à Emenda Constitucional n. 45/2004:

> DIREITO PROCESSUAL. HABEAS CORPUS. PRISÃO CIVIL DO DEPOSITÁRIO INFIEL. PACTO DE SÃO JOSÉ DA COSTA RICA. ALTERAÇÃO DA ORIENTAÇÃO JURISPRUDENCIAL DO STF. CONCESSÃO DA ORDEM.
>
> 1. A matéria em julgamento neste habeas corpus envolve a temática da (in)admissibilidade da prisão civil do depositário infiel no ordenamento jurídico brasileiro no período posterior ao ingresso do Pacto de São José da Costa Rica no direito nacional.
>
> [...]
>
> 3. Há o caráter especial do Pacto Internacional dos Direitos Civis Políticos (art. 11) e da Convenção Americana sobre Direitos Humanos – Pacto de San José da Costa Rica (art. 7º, 7), ratificados, sem reserva, pelo Brasil, no ano de 1992. A esses diplomas internacionais sobre direitos humanos é reservado lugar específico no ordenamento jurídico, estando abaixo da Constituição, porém acima da legislação interna. O status normativo supralegal dos tratados internacionais de direitos humanos subscritos pelo Brasil, torna inaplicável a legislação infraconstitucional com ele conflitante, seja ela anterior ou posterior ao ato de ratificação.

4. Na atualidade a única hipótese de prisão civil, no Direito brasileiro, é a do devedor de alimentos. O art. 5º, §2º, da Carta Magna, expressamente estabeleceu que os direitos e garantias expressos no *caput* do mesmo dispositivo, ou dos tratados internacionais em que a República Federativa do Brasil seja parte. O Pacto de São José da Costa Rica, entendido como um tratado internacional em matéria de direitos humanos, expressamente, só admite, no seu bojo, a possibilidade de prisão civil do devedor de alimentos e, consequentemente, não admite mais a possibilidade de prisão civil do depositário infiel. (Brasil, 2008)

O debate sobre o assunto e a necessidade de o STF se posicionar sobre ele se dão porque "conferir aos tratados internacionais de direitos humanos o *status* de direito ordinário não só legitima o Estado signatário a descumprir unilateralmente acordo internacional, como ainda afronta a ideia de Estado Constitucional Cooperativo e inviabiliza a tutela dos direitos humanos em nível supranacional" (Sarlet; Mitidiero; Marinoni, 2020, p. 1446).

Neste ínterim, o voto do Min. Gilmar Mendes no Recurso Extraordinário (RE) n. 466.343-SP, julgado em 3 de dezembro de 2008 (Brasil, 2009b), foi no sentido de que o Estado constitucional cooperativo deve ser "como aquele que não mais se apresenta como um Estado Constitucional voltado para si mesmo, mas que se disponibiliza como referência para os outros Estados Constitucionais, membros de uma comunidade, e no qual ganha relevo o papel dos direitos humanos e fundamentais" (Brasil, 2009b).

No que se refere à superioridade dos tratados internacionais sobre a legislação infraconstitucional, a CF/1988 regulamenta essa relação por meio de alguns dispositivos, quais sejam:

- Art. 4º, parágrafo único: "A República Federativa do Brasil buscará a integração econômica, política, social e cultural dos povos da América Latina, visando à formação de uma comunidade latino-americana de nações".
- Art. 5º, § 2º: "Os direitos e garantias expressos nesta constituição não excluem outros decorrentes do regime e dos princípios por ela adotados, ou dos tratados internacionais em que a República Federativa do Brasil seja parte".
- Art. 5º, § 3º: "Os tratados e convenções internacionais sobre direitos humanos que forem aprovados, em cada casa do congresso nacional, em dois turnos, por três quintos dos votos dos respectivos membros, serão equivalentes às emendas constitucionais".
- Art. 5º, § 4º: "O Brasil se submete à jurisdição de tribunal penal internacional a cuja criação tenha manifestado adesão". (Brasil, 1988)

Em síntese, os tratados internacionais de direitos humanos aprovados conforme o disposto no art. 5º, parágrafo 3º, da CF/1988, têm *status* de norma constitucional e, portanto, são equivalentes às emendas constitucionais. Já os tratados internacionais de direitos humanos cujo rito ordinário seja adotado, constituem norma de direito supralegal, cabendo aos tratados internacionais comuns o valor de norma infraconstitucional.

— 4.1 —
Tratados internacionais de direitos humanos via emenda constitucional

Após a Emenda constitucional n. 45/2004, o primeiro ato decorrente de PEC foi em agosto de 2009, com a promulgação, pelo Poder Executivo, do Decreto n. 6.949, de 25 agosto de 2009 (Brasil, 2009a) – Convenção Internacional sobre os Direitos das Pessoas com Deficiência e seu protocolo facultativo, assinados em Nova York, no dia 30 de março de 2007.

> **O PRESIDENTE DA REPÚBLICA**, no uso da atribuição que lhe confere o art. 84, inciso IV, da Constituição, e
>
> Considerando que o Congresso Nacional aprovou, por meio do Decreto Legislativo no 186, de 9 de julho de 2008, conforme o procedimento do § 3º do art. 5º da Constituição, a Convenção sobre os Direitos das Pessoas com Deficiência e seu Protocolo Facultativo, assinados em Nova York, em 30 de março de 2007;
>
> Considerando que o Governo brasileiro depositou o instrumento de ratificação dos referidos atos junto ao Secretário-Geral das Nações Unidas em 1o de agosto de 2008;

Considerando que os atos internacionais em apreço entraram em vigor para o Brasil, no plano jurídico externo, em 31 de agosto de 2008;

DECRETA:

Art. 1º A Convenção sobre os Direitos das Pessoas com Deficiência e seu Protocolo Facultativo, apensos por cópia ao presente Decreto, serão executados e cumpridos tão inteiramente como neles se contém.

Art. 2º São sujeitos à aprovação do Congresso Nacional quaisquer atos que possam resultar em revisão dos referidos diplomas internacionais ou que acarretem encargos ou compromissos gravosos ao patrimônio nacional, nos termos do art. 49, inciso I, da Constituição.

Art. 3º Este Decreto entra em vigor na data de sua publicação. (Brasil, 2009a, grifo do original)

— 4.2 —
Tratados internacionais de direitos humanos via ordinária

Conforme entendimento do STF, os tratados internacionais de direitos humanos que não passarem pelo trâmite legislativo do art. 5º, parágrafo 3º, da CF/1988 serão recepcionados por força do art. 5º, parágrafo 2º, do texto constitucional, mas com *status* de norma supralegal, posicionando-se acima das leis infraconstitucionais e abaixo da Carta Magna no ordenamento jurídico pátrio:

> § 2º Os direitos e garantias expressos nesta Constituição não excluem outros decorrentes do regime e dos princípios por ela adotados, ou dos tratados internacionais em que a República Federativa do Brasil seja parte. (Brasil, 1988, art. 5º)

Para parte da doutrina, essa supralegalidade acarreta uma espécie diferente de competência concorrente, pois

> sua existência não impediria, por exemplo, que outro instrumento introdutor de normas veiculasse, em sua omissão ou ausência, regulação sobre direitos humanos. Assim, o legislador infraconstitucional é livre para regular a matéria, desde que não haja estipulação em tratado, mantendo-se uma competência concorrente cumulativa ou plena. (Cunha Júnior, 2008, p. 815)

Por fim, no que se refere aos tratados internacionais comuns, como vimos, enfrentam um trâmite legislativo mais simples, o que os coloca no patamar das normas infraconstitucionais do ordenamento jurídico.

Capítulo 5

Lei delegada

A lei delegada constitui ato normativo primário, feito e editado pelo chefe do Poder Executivo, mediante autorização prévia do Poder Legislativo, que delega o exercício do poder legiferante sobre determinada matéria de forma parcial, temporária e condicionada. Trata-se de uma **delegação externa *corporis***, nos termos do art. 68, parágrafo 2º, da Constituição Federal (CF): "a delegação ao Presidente da República terá a forma de resolução do Congresso Nacional, que especificará seu conteúdo e os termos de seu exercício" (Brasil, 1988).

Esse ato normativo configura-se como imposição constitucional e "a resolução delegante deve conter: a) a definição do objeto da delegação; b) determinação de seu sentido; c) indicação do prazo em que deve ser editada a lei delegada; d) termos para o exercício da função delegada" (Nery Junior; Abboud, 2017, p. 572). Todavia, caso o prazo para elaboração de lei delegada pelo chefe do Poder Executivo não seja estabelecido pelo Congresso Nacional, ela deve ser editada até o fim da legislatura em vigência, sob pena de usurpação da função pública legiferante, típica do Poder Legislativo.

No entanto, uma vez editada lei delegada, pelo princípio da consumação, a delegação exercida pelo presidente da república já restou exaurida, mesmo que tenha sobrado qualquer lapso temporal de acordo com a delegação recebida. "De consequência, não pode o presidente editar outra lei delegada nem modificar ou complementar a(s) já editada(s), ainda que remanesça prazo para tanto" (Nery Junior; Abboud, 2017, p. 574).

O termo *delegação externa corporis* é aplicado, nesse caso, "porque os membros do Congresso Nacional transferem o poder de criar leis para alguém que está fora do ambiente parlamentar, no caso, o Chefe do Poder Executivo da União" (Bulos, 2010, p. 522), mediante sua solicitação. Nos termos do art. 68 da CF: "As leis delegadas serão elaboradas pelo Presidente da República, que deverá solicitar a delegação ao Congresso Nacional" (Brasil, 1988).

A delegação deve conter os parâmetros necessários para controlar objetivamente o exercício da permissão que transferiu ao Poder Executivo. Assim, o Congresso Nacional "não autoriza plenos poderes ao Presidente; traça, antes, os padrões mínimos a serem esmiuçados na lei delegada." (Mendes; Branco, 2018, p. 992)

É importante observar que, embora a delegação ocorra apenas mediante solicitação do chefe do Poder Executivo ao Congresso Nacional, a elaboração de lei delegada não é compulsória (obrigatória). "Portanto, o presidente terá a discricionariedade de elaborar ou não a lei, não sendo obrigado só porque recebeu a delegação a fazer a lei" (Fernandes, 2010, p. 688).

Entretanto, "o Congresso Nacional pode revogar a resolução autorizadora, expressa ou tacitamente (editando lei em sentido estrito que conflite com os termos da resolução delegante), mas desde que o faça antes da edição da lei delegada" (Nery Junior; Abboud, 2017, p. 571). Após vigente a lei delegada, sua revogação só pode ocorrer por outra lei posterior que legisle a mesma matéria, não sendo possível mais a revogação da resolução autorizativa do parlamento.

Considerando que o Poder Legislativo não perde sua função típica de legislar em razão do ato autorizativo de edição da lei delegada pelo chefe do Poder Executivo, "o Poder Legislativo pode produzir uma lei sobre a mesma matéria que está sendo objeto de resolução autorizando o Presidente a fazer lei" (Fernandes, 2010, p. 688), sem que haja qualquer irregularidade no ato.

— 5.1 —
Limites à lei delegada

A lei delegada, assim como os demais atos normativos primários, tem algumas limitações que a própria CF estabeleceu por meio do art. 68, parágrafo 1º e incisos:

> §1º Não serão objeto de delegação os atos de competência exclusiva do Congresso Nacional, os de competência privativa da Câmara dos Deputados ou do Senado Federal, a matéria reservada à lei complementar, **nem a legislação sobre**:
>
> I – organização do Poder Judiciário e do Ministério Público, a carreira e a garantia de seus membros;
>
> II – nacionalidade, cidadania, direitos individuais, políticos e eleitorais;
>
> III – planos plurianuais, diretrizes orçamentárias e orçamentos. (Brasil, 1988, grifo nosso)

Em cumprimento aos preceitos fundamentais do Estado democrático de direito, cuja fundamentação brasileira se dá em virtude do disposto no *caput* art. 1º da CF/1988, é imprescindível que os atos praticados pelo chefe do Poder Executivo, em razão da delegação da função típica do Poder Legislativo, possam ser controlados, seja por meio do controle parlamentar, seja por meio do controle judicial (concreto ou abstrato).

Nesse sentido, a autorização do presidente da república para edição de lei delegada constitui competência do Poder Legislativo, assim como é de competência exclusiva do Congresso Nacional, nos termos do art. 49, inciso V, da CF: "sustar os atos normativos do poder executivo que exorbitem do poder regulamentar ou dos **limites de delegação legislativa**" (Brasil, 1988, grifo nosso).

Tal controle tem a finalidade de manter a harmonia e o equilíbrio entre os três poderes, uma vez que a autorização delegatária se trata de exceção ao princípio da separação dos poderes: "Art. 2º São poderes da união, independentes e harmônicos entre si, o Legislativo, o Executivo e o Judiciário" (Brasil, 1988).

Vale salientar que a interpretação ao disposto no art. 68 da CF, que trata sobre a autorização de edição de lei delegada ao presidente da república, deve ser restritiva. Em outras palavras, "a atividade legislativa delegada não pode ser transferida a outro órgão ou pessoa, pois a delegação somente pode ser conferida ao primeiro delegatário ou primeiro destinatário, vedada a subdelegação ou delegação derivada" (Nery Junior; Abboud, 2017, p. 573). Portanto, o presidente da república não pode subdelegar a autorização para edição de lei delegada.

— 5.2 —
Delegação típica e atípica

No caso de delegação típica, ao estabelecer os termos e o conteúdo da delegação dada ao presidente, o Congresso Nacional lhe permite editar lei delegada por completo até sua publicação. Dessa forma, "o Poder Legislativo autoriza o Presidente mediante resolução a elaborar o projeto de lei e, posteriormente, promulgar e publicar a lei (3ª fase). Não tem sanção porque não há sentido de o Presidente da República dar aquiescência ao que ele mesmo fez" (Fernandes, 2010, p. 687). Isso significa que, nesse caso, não há fase deliberativa parlamentar após a edição do ato pelo chefe do Executivo.

Nesse sentido, não há uma fase inicial propriamente dita; o início do processo legislativo de elaboração de lei delegada ocorre sempre por meio da iniciativa solicitadora do presidente da república, representando já a fase constitutiva desse processo legislativo especial.

Trata-se de uma verdadeira "delegação externa por ser um ato do Poder Legislativo para o Poder Executivo, e de função legiferante porque o legislador delega ao Chefe do Executivo a faculdade de fazer lei (ou pelo menos produzi-la)" (Fernandes, 2010, p. 687).

Durante a **fase constitutiva**, "o pedido (solicitação) do Presidente é encaminhado ao Congresso Nacional para apreciação na Câmara dos Deputados e Senado Federal" (Fernandes, 2010, p. 687), cuja aprovação é por quórum de maioria simples. Se o pedido for aprovado, a delegação será pelo Congresso Nacional em forma de resolução, que fixará os termos, os limites e as condições da delegação.

Durante a **fase complementar** do processo legislativo especial para a formação de lei delegada, a promulgação e a publicação são feitas pelo próprio chefe do Poder Executivo.

No entanto, se for o caso de **delegação atípica**, o Congresso Nacional autoriza, mediante resolução, a edição de lei delegada pelo presidente da república, mas determina que o projeto de lei volte à casa legislativa para apreciação, em sessão conjunta, por meio de votação única, sendo vedada qualquer emenda, para posterior promulgação e publicação: "Se a resolução determinar a apreciação do projeto pelo Congresso Nacional, este a fará em votação única, vedada qualquer emenda" (Brasil, 1988, art. 38, § 3º).

Essa espécie de delegação prevê, portanto, um verdadeiro controle da delegação pelo próprio Congresso Nacional, "prestigiando-se a noção de que o primeiro fiscal da delegação é o próprio delegante. Esse controle político pode acontecer previamente à edição da lei ou *a posteriori*" (Mendes; Branco, 2018, p. 993).

Na apreciação feita pelo Congresso Nacional posteriormente à edição da lei delegada, a decisão deve ocorrer sobre a aprovação ou a rejeição em bloco, sem possibilidade de emendas, em votação única.

Nesse sentido, o "Congresso poderá rejeitar ou aprovar o projeto de lei (quórum de maioria simples). Se rejeitar, o projeto será arquivado. Aprovado o projeto de lei, ela é enviada ao Presidente para sua promulgação e publicação (3ª Fase)" (Fernandes, 2010, p. 688).

Para encerrarmos este capítulo, considerando o processo legislativo especial das duas modalidades de elaboração de lei delegada, observe, na Figura 5.1, a distinção entre o fluxo da delegação típica e o da delegação atípica estabelecida pelo Congresso Nacional.

Figura 5.1 – Processo legislativo especial da lei delegada

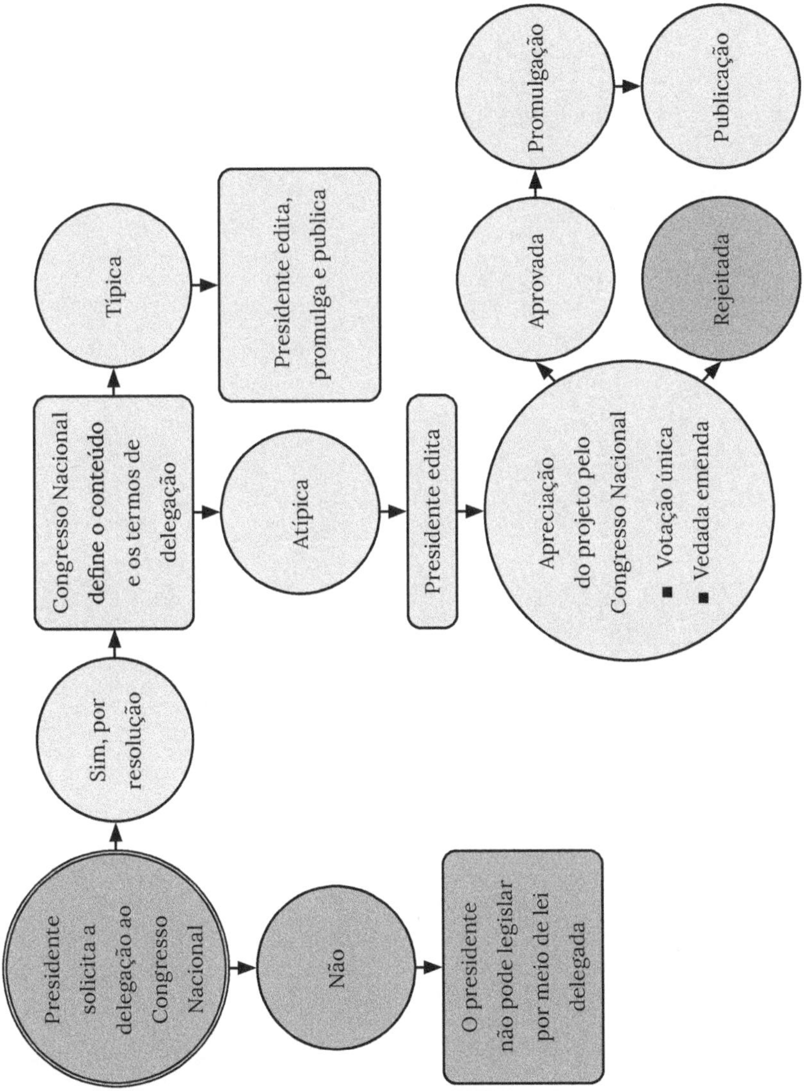

- Presidente solicita a delegação ao Congresso Nacional
  - Não → O presidente não pode legislar por meio de lei delegada
  - Sim, por resolução → Congresso Nacional define o conteúdo e os termos de delegação
    - Típica → Presidente edita, promulga e publica
    - Atípica → Presidente edita → Apreciação do projeto pelo Congresso Nacional
      - Votação única
      - Vedada emenda
      - Aprovada → Promulgação → Publicação
      - Rejeitada

Capítulo 6

Medida provisória

A medida provisória (MP) também se trata de um ato normativo primário, cuja competência privativa para sua adoção é do presidente da república. Assim, seu caráter excepcional à separação dos poderes, em decorrência da natureza de seus fundamentos (relevância e urgência), configura um processo legislativo especial completamente diferente dos demais. No termos da Constituição Federal (CF): "Em caso de relevância e urgência, o Presidente da República poderá adotar medidas provisórias, com força de lei, devendo submetê-las de imediato ao Congresso Nacional" (Brasil, 1988, art. 62).

São medidas que "ostentam nítida feição cautelar. Embora produzam o efeito de concitar o Congresso a deliberar sobre a necessidade de converter em norma certo trecho da realidade social, não se confundem com meros projetos de lei, uma vez que, desde quando editadas, já produzem efeitos de norma vinculante" (Mendes; Branco, 2018, p. 995).

A razão para isso é que "a medida provisória é adotada pelo Presidente da República, por ato monocrático, unipessoal, sem a participação do Legislativo, chamado a discuti-la somente em momento posterior, quando já adotada pelo Executivo, com força de lei e produzindo seus efeitos jurídicos" (Lenza, 2013, p. 640).

Corroborando com o dispositivo constitucional, o Supremo Tribunal Federal (STF), na Ação Direta de Inconstitucionalidade (ADI) n. 293-7/600-DF, julgada em 6 de junho de 1990, assim se posicionou:

Medida provisória

EMENTA: AÇÃO DIRETA DE INCONSTITUCIONALIDADE – MEDIDA PROVISÓRIA – CONSTITUIÇÃO FEDERAL (ART. 62) – NATUREZA JURÍDICA – COMPETÊNCIA NORMATIVA DO PRESIDENTE DA REPÚBLICA – LIMITAÇÕES CONSTITUCIONAIS – REEDIÇÃO DE MEDIDA PROVISÓRIA REJEITADA PELO CONGRESSO NACIONAL – SEPARAÇÃO DE PODERES – SUPREMACIA DA ORDEM CONSTITUCIONAL – NECESSIDADE DE SUA PRESERVAÇÃO – MEDIDA PROVIDÓRIA N. 190/90 – DISSÍDIOS COLETIVOS – PRESIDENTE DO T.S.T. – POSSIBILIDADE DE SUSPENSÃO DA EFICÁCIA DE SENTENÇAS NORMATIVAS – REEDIÇÃO CARACTERIZADA DE MEDIDA PROVISÓRIA REJEITADA – LIMINAR CONCEDIDA.

– As medidas provisórias configuram, no direito constitucional positivo brasileiro, uma categoria especial de atos normativos primários emanados do Poder Executivo, que se revestem de força, eficácia e valor de lei.

– Como a função legislativa ordinariamente pertence ao Congresso Nacional, que a exerce por direito próprio, com observância da estrita tipicidade constitucional que define a natureza das atividades estatais, torna-se imperioso assinalar – e advertir – que a utilização da medida provisória, por constituir exceção derrogatória do postulado da divisão funcional do poder, subordina-se, em seu processo de conversão legislativa, à vontade soberana do Congresso Nacional.

– O que justifica a edição das medidas provisórias é a existência de um estado de necessidade, que impõe ao Poder Executivo a adoção imediata de providências de caráter legislativo, inalcançáveis segundo as regras ordinárias de legiferação, em face do próprio 'periculum in mora' que certamente decorreria do atraso na concretização da prestação legislativa.

– A plena submissão das medidas provisórias ao Congresso Nacional constitui exigência que decorre do princípio da separação dos poderes. O conteúdo jurídico que elas veiculam somente adquirirá estabilidade normativa, a partir do momento em que – observada a disciplina ritual do procedimento de conversão em lei – houver pronunciamento favorável e aquiescente do único órgão constitucionalmente investido do poder ordinário de legislar, que é o Congresso Nacional.

– Essa manifestação do Poder Legislativo é necessária, é insubstituível e é insuprimível. Por isso mesmo, as medidas provisórias, com a sua publicação no Diário Oficial, subtraem-se ao poder de disposição do Presidente da República e ganham, em consequência, autonomia jurídica absoluta, desvinculando-se no plano formal, da autoridade que as instituiu.

– A edição de medida provisória gera dois efeitos imediatos. O primeiro efeito é de ordem normativa, eis que a medida provisória – que possui vigência e eficácia imediatas – inova, em caráter inaugural, a ordem jurídica. O segundo efeito é de natureza ritual, eis que a publicação da medida provisória atua como verdadeira *'provocatio ad agendum'*, estimulando o Congresso Nacional a instaurar o adequado procedimento de conversão em lei.

– A rejeição parlamentar de medida provisória – ou de seu projeto de conversão –, além de deconstituir-lhe *ext unc* a eficácia jurídica, opera uma outra relevante consequência de ordem político-institucional, que consiste na impossibilidade de o Presidente da República renovar esse ato quase legislativo, de natureza cautelar. Modificações secundárias de texto, que em nada afetam os aspectos essenciais e intrínsecos na medida provisória expressamente repudiada pelo Congresso Nacional, constituem expedientes incapazes de descaracterizar a identidade temática que existe entre o ato não convertido em lei e a nova medida provisória editada. (Brasil, 1993c)

Em que pese a MP ter força de lei tão logo seja adotada pelo chefe do Poder Executivo, seus efeitos são temporários e duram, no máximo, 120 dias, conforme os termos do art. 62, parágrafo 3º, da CF:

> § 3º As medidas provisórias, ressalvado o disposto nos §§ 11 e 12 perderão eficácia, desde a edição, se não forem convertidas em lei no prazo de sessenta dias, prorrogável, nos termos do § 7º, uma vez por igual período, devendo o Congresso Nacional disciplinar, por decreto legislativo, as relações jurídicas delas decorrentes. (Brasil, 1988)

A contagem do prazo de 120 dias tem início com a publicação da MP e não leva em consideração os períodos de recesso parlamentar. Por essa razão, mesmo que seus efeitos devam durar até 120 dias, é possível que durem mais, visto que o "prazo a que se refere o § 3º contar-se-á da publicação da medida provisória, suspendendo-se durante os períodos de recesso do Congresso Nacional" (Brasil, 1988, art. 62, § 4º).

Ademais, deve ser imediatamente submetida à aprovação do Congresso Nacional, podendo ser aprovada e convertida em lei ou infirmada a qualquer momento. Por essas razões, parte da doutrina sustenta que, além de efêmeras e precárias, as medidas provisórias "configuram espécies normativas de natureza infraconstitucional, dotadas de força e eficácia legais, embora não sejam leis, no sentido exato da terminologia, pois nascem de um ato monocrático de vontade do Presidente da República, e não do trabalho das Casas Legislativas" (Bulos, 2010, p. 523).

Os critérios de urgência e relevância representam verdadeiras condições para que a MP possa ser adotada. A **urgência** está relacionada a algo que não pode aguardar o decurso do tempo, pois a demora de um processo legislativo ordinário ocasionaria prejuízo da medida normativa pela inércia.

Já a **relevância** ocorre em uma situação grave, "cuja importância é notória e indiscutível, porque se põe como algo essencial, fundamental, importante, em dada circunstância, em certo momento que, por isso mesmo, exige um cuidado normativo excepcional" (Bulos, 2010, p. 523). Trata-se, portanto, de uma medida excepcional do Poder Executivo que não deriva da representação popular, mas deve, necessariamente, tê-la como justificativa para sua edição, como na ADI n. 221-0-DF, julgada em 16 de setembro de 1993:

> a existência de um estado de necessidade, que impõe ao Poder Público a adoção imediata de providências, de caráter legislativo, inalcançáveis segundo as regras ordinárias de legiferação, em face do próprio *periculum in mora* que fatalmente

decorreria do atraso na concretização da prestação legislativa (Brasil, 1993b).

— 6.1 —
Limites à medida provisória

Além de se pautar no binômio urgência e relevância como critérios obrigatórios, algumas matérias são expressamente vedadas para a elaboração normativa de MP. Em outras palavras, a CF, em seu art. 62, parágrafo 1º, alíneas e incisos, trouxe algumas limitações propositadamente impostas à elaboração legislativa por meio de MP:

> § 1º É vedada a edição de medidas provisórias sobre matéria:
>
> I – relativa a:
>
> a) nacionalidade, cidadania, direitos políticos, partidos políticos e direito eleitoral;
>
> b) direito penal, processual penal e processual civil;
>
> c) organização do Poder Judiciário e do Ministério Público, a carreira e a garantia de seus membros;
>
> d) planos plurianuais, diretrizes orçamentárias, orçamento e créditos adicionais e suplementares, ressalvado o previsto no art. 167, § 3º[1];

---

1 "A abertura de crédito extraordinário somente será admitida para atender a despesas imprevisíveis e urgentes, como as decorrentes de guerra, comoção interna ou calamidade pública, observado o disposto no art. 62" (Brasil, 1988, art. 167, § 3º).

II – que vise a detenção ou sequestro de bens, de poupança popular ou qualquer outro ativo financeiro;

III – reservada a lei complementar;

IV – já disciplinada em projeto de lei aprovado pelo Congresso Nacional e pendente de sanção ou veto do Presidente da República.

§ 2º Medida provisória que implique instituição ou majoração de impostos, exceto os previstos nos arts. 153, I, II, IV, V, e 154, II, só produzirá efeitos no exercício financeiro seguinte se houver sido convertida em lei até o último dia daquele em que foi editada. (Brasil, 1988)

No que se refere à exceção constante no art. 62, parágrafo 2º, nota-se que é possível a edição de MP para criação ou majoração de tributos que versem sobre os seguintes temas:

I – Importação de produtos estrangeiros;

II – exportação, para o exterior, de produtos nacionais ou nacionalizados;

[...]

IV – produtos industrializados;

V – operações de crédito, câmbio e seguro, ou relativas a títulos ou valores mobiliários; (Brasil, 1988, art. 153)

[...]

II – na iminência ou no caso de guerra externa, impostos extraordinários, compreendidos ou não em sua competência tributária, os quais serão suprimidos gradativamente, cessadas as causas de sua criação. (Brasil, 1988, art. 154)

— 6.2 —
Processo legislativo especial da medida provisória

O processo de elaboração de MP é muito diferente do processo de constituição de todos os demais atos normativos primários, pois, antes de ser validada pelo Poder Legislativo, a medida adotada pelo presidente da república faz-se vigente e com força de lei desde sua edição.

Sendo assim, a edição da MP inicia-se "nas 48 (quarenta e oito) horas que se seguirem à publicação, no *Diário Oficial da União*, de medida provisória adotada pelo Presidente da República, a Presidência da Mesa do Congresso Nacional fará publicar e distribuir avulsos da matéria e designará Comissão Mista" (Padilha, 2020, p. 500, grifo do original), formada por 12 deputados e 12 senadores, para emitir parecer sobre ela: "Caberá à comissão mista de Deputados e Senadores examinar as medidas provisórias e sobre elas emitir parecer, antes de serem apreciadas, em sessão separada, pelo plenário de cada uma das Casas do Congresso Nacional" (Brasil, 1988, art. 61, § 9º).

A referida comissão deve elaborar parecer versando sobre o atendimento aos pressupostos constitucionais de relevância, urgência, adequação financeira e mérito (conteúdo) da MP nos termos da Resolução n. 1, de 8 de maio de 2002, do Congresso Nacional:

> Art. 8º O Plenário de cada uma das Casas do Congresso Nacional decidirá, em apreciação preliminar, o atendimento ou não dos pressupostos constitucionais de relevância e urgência de Medida Provisória ou de sua inadequação financeira ou orçamentária, antes do exame de mérito, sem a necessidade de interposição de recurso, para, ato contínuo, se for o caso, deliberar sobre o mérito. (Brasil, 2002)

Na sequência, o ato é encaminhado, inicialmente, à Câmara dos Deputados, nos termos do art. 62, parágrafo 8º, da CF: "As medidas provisórias terão sua votação iniciada na Câmara dos Deputados" (Brasil, 1988). Nela, é feita a análise dos pressupostos constitucionais, bem como dos aspectos formais (relevância e urgência) e materiais, conforme dispõe o art. 62, parágrafo 5º, da CF/1988, sendo o quórum para aprovação de maioria simples dos parlamentares. Todavia, "na exposição de motivos, cumpre ao Presidente da República demonstrar, de forma cabal, a presença dos requisitos constitucionais, aferíveis pelo Congresso Nacional (CF, 62, §5º), sujeita a [...] [medida provisória], bem como a lei que a converter, ao controle judicial de sua constitucionalidade" (Nery Junior; Abboud, 2017, p. 491).

Dessa feita, compete ao STF, na condição de guardião da CF, verificar a presença desses requisitos (urgência e relevância) caso questionada a constitucionalidade da MP, o que ocorre abstrata

– por meio de ADI, ação direta de constitucionalidade (ADC) e arguição de descumprimento de preceito fundamental (ADPF)
– ou concretamente, conforme dispõe o texto constitucional:

> Art. 62. Em caso de relevância e urgência, o Presidente da República poderá adotar medidas provisórias, com força de lei, devendo submetê-las de imediato ao Congresso Nacional.
>
> [...]
>
> § 5º A deliberação de cada uma das Casas do Congresso Nacional sobre o mérito das medidas provisórias dependerá de juízo prévio sobre o atendimento de seus pressupostos constitucionais.
>
> [...]
>
> Art. 102. Compete ao Supremo Tribunal Federal, precipuamente, a guarda da Constituição, cabendo-lhe:
>
> I – processar e julgar, originariamente:
>
> [...]
>
> § 1º A arguição de descumprimento de preceito fundamental, decorrente desta Constituição, será apreciada pelo Supremo Tribunal Federal, na forma da lei.
>
> § 2º As decisões definitivas de mérito, proferidas pelo Supremo Tribunal Federal, nas ações diretas de inconstitucionalidade e nas ações declaratórias de constitucionalidade produzirão eficácia contra todos e efeito vinculante, relativamente aos demais órgãos do Poder Judiciário e à administração pública direta e indireta, nas esferas federal, estadual e municipal. (Brasil, 1988)

Aprovada pela Câmara dos Deputados, a MP é encaminhada ao Senado Federal, que, da mesma forma, procede à análise prévia dos requisitos formais e materiais para que, diante da observância dos pressupostos constitucionais, assim como na casa iniciadora, por meio do voto da maioria simples, seja possível sua aprovação.

Se for aprovada, a MP é promulgada pelo presidente do Senado Federal (que é também presidente do Congresso Nacional), e o presidente da república publica a lei (como lei ordinária). Se for o caso de rejeição, "o Presidente da Casa em que se rejeitou a medida provisória comunicará o fato imediatamente ao Presidente da República e passará o ato declaratório de rejeição no Diário Oficial da União" (Mendes; Branco, 2018, p. 1007).

Caso sejam apresentadas emendas à MP e o parecer da comissão parlamentar mista seja favorável a elas, a MP é transformada em projeto de lei de conversão. Nesse sentido, a comissão deve elaborar também um projeto de decreto legislativo para regular as situações jurídicas que se projetaram durante a vigência dos efeitos da MP originalmente apresentada pelo presidente da república.

Na sequência, o **projeto de lei de conversão** segue um trâmite similar ao processo legislativo ordinário (comum): é, inicialmente, encaminhado à Câmara dos Deputados para deliberação e votação e, sendo aprovado, é, posteriormente, encaminhado ao Senado Federal, também para deliberação parlamentar.

A casa revisora pode, então, emendar o projeto de lei de conversão recebido da casa iniciadora, desde que essas alterações não importem em conteúdo estranho àquele entendido pelo presidente da república como urgentes e relevantes ao contexto material objeto da MP.

Sobre o assunto, o STF sustentou que "o princípio democrático e o devido processo legislativo são incompatíveis com 'a prática da inserção, mediante emenda parlamentar no processo legislativo de conversão de medida provisória em lei, de matérias de conteúdo temático estranho ao objeto originário da medida provisória'" (ADI n. 5.127[2], citada por Mendes; Branco, 2018, p. 1004).

Caso a casa revisora (Senado Federal) o aprove, ele será remetido ao presidente da república para deliberação executiva por meio de sanção ou veto. Ocorrendo a sanção, expressa ou tácita, ele deve promulgar e publicar a agora lei ordinária. Ocorrendo o veto, o projeto de lei de conversão retorna ao Congresso Nacional para análise do veto, que, sendo mantido, resulta na rejeição do projeto de lei e em seu respectivo arquivamento. Doutra sorte, se o veto presidencial for derrubado, a nova lei é encaminhada ao presidente da república para promulgação e publicação.

É importante destacar que se a MP é transformada em projeto de lei de conversão, permanece integralmente vigente até que seja sancionado ou vetado o projeto, conforme estabelece o art. 62, parágrafo 12, da CF: "Aprovado projeto de lei de

---

2   Ação Direta de Inconstitucionalidade n. 5.127 DF, julgada em 15 de outubro de 2015 (Brasil, 2016a).

conversão alterando o texto original da medida provisória, esta manter-se-á integralmente em vigor até que seja sancionado ou vetado o projeto" (Brasil, 1988).

Considerando os critérios de urgência e relevância da MP, seus efeitos imediatos e o prazo de sua vigência, uma vez editada pelo presidente da república, a apreciação pelas casas legislativas do Congresso Nacional também precisa ocorrer com celeridade. Por essa razão, o prazo dos efeitos da MP é de 60 dias, podendo ser prorrogado por igual período, nos termos do art. 62, parágrafo 7º, da CF:

> Prorrogar-se-á uma única vez por igual período a vigência de medida provisória que, no prazo de sessenta dias, contado de sua publicação, não tiver a sua votação encerrada nas duas Casas do Congresso Nacional. (Brasil, 1988)

Entretanto, de acordo com o art. 62, parágrafo 6º, da CF, se a apreciação da MP não ocorrer em até 45 dias a partir da publicação, entra em regime de urgência e a pauta deliberativa da casa legislativa fica sobrestada:

> Se a medida provisória não for apreciada em até quarenta e cinco dias contados de sua publicação, entrará em regime de urgência, subsequentemente, em cada uma das Casas do Congresso Nacional, ficando sobrestadas, até que se ultime a votação, todas as demais deliberações legislativas da Casa em que estiver tramitando. (Brasil, 1988)

A rejeição da MP ou a perda de sua eficácia em razão do decurso de prazo impedem a reedição de seu conteúdo na mesma sessão legislativa, uma vez que o princípio da irrepetibilidade é absoluto nesse ato normativo: "É vedada a reedição, na mesma sessão legislativa, de medida provisória que tenha sido rejeitada ou que tenha perdido sua eficácia por decurso de prazo" (Brasil, 1988, art. 62, § 10).

Embora não seja possível a reedição de medida provisória na mesma sessão legislativa em que tenha sido rejeitada pelo Congresso Nacional, é possível que, antes do decurso do prazo de 60 dias da edição, o presidente da república proceda à sua reedição caso ela não tenha sido apreciada ainda pelo Poder Legislativo, conforme posicionamento há muito consolidado pelo STF em sede de controle de constitucionalidade:

> EMENTA: DIREITO CONSTITUCIONAL E PREVIDENCIÁRIO.
>
> MEDIDA PROVISÓRIA N° 560, DE 26.27.1994, SUCESSIVAMENTE REEDITADA, NO PRAZO, E NÃO REJEITADA PELO CONGRESSO NACIONAL: EFICÁCIA DE LEI. ALÍQUOTA DE CONTRIBUIÇÃO DE SEGURIDADE SOCIAL.
>
> AÇÃO DIRETA DE INCONSTITUCIONALIDADE DA RESOLUÇÃO DO CONSELHO DE ADMINISTRAÇÃO DO SUPERIOR TRIBUNAL DE JUSTIÇA, DE 14.05.1997 (PROCESSO STJ n. 01813/97). MEDIDA CAUTELAR.
>
> [...]

2. A Medida Provisória n. 560, de 26.07.1994, e suas sucessivas reedições, sem alteração no ponto que aqui interessa [...], não chegaram a ser votadas e, portanto, rejeitadas pelo Congresso Nacional [...].

[...]

4. O STF não admite reedição de MP, quando já rejeitada pelo Congresso Nacional (ADI 293-RTJ 146/707). Tem, contudo, admitido como válidas e eficazes as reedições de Medidas Provisórias, ainda não votadas pelo Congresso Nacional, quando tais reedições hajam ocorrido dentro do prazo de trinta dias de sua vigência. Até porque o poder de editar MP subsiste, enquanto não rejeitada (ADI 295, ADI 1.533, entre outras). (Brasil, 1997b)

Se, no entanto, "atendo às desastrosas consequências que a perda de vigência da medida provisória pode acarretar no âmbito da segurança das relações, o constituinte prevê que o Congresso regulará essas relações" (Mendes; Branco, 2018, p. 1007), o que pode ocorrer de duas formas: (1) por força de decreto legislativo a ser editado pelo Congresso Nacional; ou (2) caso o parlamento não o edite em até 60 dias, matem-se regidas as relações jurídicas havidas na vigência da MP.

Sendo assim, se a medida provisória não for convertida em lei pelo Poder Legislativo no prazo de 60 dias, prorrogável por mais 60 dias, e também não for reeditada pelo presidente da república em igual período, o Congresso Nacional deve disciplinar as relações jurídicas decorrentes desta por meio de decreto legislativo, nos termos do art. 62, parágrafo 3º, da CF, bem como conforme a regulamentação disposta no art. 6º da Resolução n. 1, de 2 de maio de 1989, do Congresso Nacional:

> Art. 62. Em caso de relevância e urgência, o Presidente da República poderá adotar medidas provisórias, com força de lei, devendo submetê-las de imediato ao Congresso Nacional.
>
> [...]
>
> § 3º As medidas provisórias, ressalvado o disposto nos §§ 11 e 12 perderão eficácia, desde a edição, se não forem convertidas em lei no prazo de sessenta dias, prorrogável, nos termos do § 7º, uma vez por igual período, devendo o Congresso Nacional disciplinar, por decreto legislativo, as relações jurídicas delas decorrentes. (Brasil, 1988)
>
> Art. 6º Verificado que a medida provisória atende aos pressupostos de urgência e relevância, a matéria seguirá a tramitação prevista nos artigos posteriores. Tida como rejeitada, será arquivada, baixando o Presidente do Congresso Nacional Ato declarando insubsistente a Medida Provisória, feita a devida comunicação ao Presidente da República.
>
> Parágrafo único. No caso deste artigo "in fine", a Comissão Mista elaborará Projeto de Decreto Legislativo, disciplinando as relações jurídicas decorrentes da vigência da Medida, o qual terá sua tramitação iniciada na Câmara dos Deputados. (Brasil, 1989b)

Considerando a possibilidade de não edição do decreto legislativo citado anteriormente, o legislador constituinte estabeleceu uma hipótese de ultra-atividade da MP não convertida em lei, mas apenas para a disciplina das relações formadas com base na mesma MP e durante a sua vigência.

Desse modo, "nesse período, as relações continuam sob a regência da medida provisória, somente dela se apartando se o Congresso se dispuser a discipliná-las diferentemente" (Mendes; Branco, 2018, p. 1007).

Essa relação de ultra-atividade da norma se dá com base no disposto do art. 62, parágrafo 11, da CF:

> Não editado o decreto legislativo a que se refere o § 3º até sessenta dias após a rejeição ou perda de eficácia de medida provisória, as relações jurídicas constituídas e decorrentes de atos praticados durante sua vigência conservar-se-ão por ela regidas. (Brasil, 1988)

Por fim, diante da rejeição da MP ou do projeto de lei de conversão pelo Congresso Nacional, "não é cabível a insistência na mesma normação por via de medida provisória. A palavra definitiva do Congresso Nacional não é suscetível de desafio pelo Presidente da República na mesma sessão legislativa em que o projeto de lei se viu frustrado" (Mendes; Branco, 2018, p. 1002).

Outro aspecto que precisa ser mencionado é a possibilidade de ocorrência do **efeito repristinatório** no caso da perda dos efeitos da MP que promovia alguma alteração sobre determinada relação jurídica por suspender os efeitos da lei que a antecedia. Para exemplificar, considere que havia uma lei vigente "y" que regulava determinado direito em relação aos fatos "x". Ao ser editada a MP "z" pelo presidente da república, as relações "x" imediatamente passaram a ter apenas os direitos "k", pois os efeitos da lei "y" foram suspensos pela MP "z". Todavia, a MP "z" perdeu seus efeitos em razão de sua rejeição pelo Congresso Nacional, voltando a lei "y" a reger as relações "x".

Sobre o assunto, o STF, na ADI n. 5.709-DF, julgada em 27 de março de 2019 (Brasil, 2019), decidiu que, se a medida provisória for aprovada pelo Congresso Nacional, surge nova lei, a qual tem o efeito de revogar lei antecedente que conflite sobre a mesma matéria. "Todavia, caso a medida provisória seja rejeitada (expressa ou tacitamente), a lei primeira vigente no ordenamento, e que estava suspensa, volta a ter eficácia" (Brasil, 2019). Confira:

> CONSTITUCIONAL. PROCESSO LEGISLATIVO. MEDIDA PROVISÓRIA. ESTABELECIMENTO DA ORGANIZAÇÃO BÁSICA DOS ÓRGÃOS DA PRESIDÊNCIA DA REPÚBLICA E DOS MINISTÉRIOS. ALEGAÇÃO DE OFENSA AO ART. 62, CAPUT e §§ 3º e 10, CRFB. REQUISITOS PROCEDIMENTAIS. REJEIÇÃO E REVOGAÇÃO DE MEDIDA PROVISÓRIA COMO CATEGORIAS DE

FATO JURÍDICO EQUIVALENTES E ABRANGIDAS NA VEDAÇÃO DE REEDIÇÃO NA MESMA SESSÃO LEGISLATIVA. INTERPRETAÇÃO DO §10 DO ART. 62 DA CONSTITUIÇÃO FEDERAL. CONVERSÃO DA MEDIDA PROVISÓRIA EM LEI. AUSÊNCIA DE PREJUDICIALIDADE SUPERVENIENTE. ADITAMENTO DA PETIÇÃO INICIAL. PRECEDENTES JUDICIAIS DO STF. AÇÃO DIRETA DE INCONSTITUCIONALIDADE JULGADA PROCEDENTE.

[...]

2. Medida provisória não revoga lei anterior, mas apenas suspende seus efeitos no ordenamento jurídico, em face do seu caráter transitório e precário. Assim, aprovada a medida provisória pela Câmara e pelo Senado, surge nova lei, a qual terá o efeito de revogar lei antecedente. Todavia, caso a medida provisória seja rejeitada (expressa ou tacitamente), a lei primeira vigente no ordenamento, e que estava suspensa, volta a ter eficácia.

[...]

5. Impossibilidade de reedição, na mesma sessão legislativa, de medida provisória revogada, nos termos do prescreve o art. 62, §§2º e 3º. Interpretação jurídica em sentido contrário, importaria violação do princípio da Separação de Poderes. Isso porque o Presidente da República teria o controle e comando da pauta do Congresso Nacional, por conseguinte, das prioridades do processo legislativo, em detrimento do próprio Poder Legislativo. Matéria de competência privativa das duas Casas Legislativas (inciso IV do art. 51 e inciso XIII do art. 52, ambos da Constituição Federal).

[...]

7. Qualquer solução jurídica a ser dada na atividade interpretativa do art. 62 da Constituição Federal deve ser restritiva, como forma de assegurar a funcionalidade das instituições e da democracia. Nesse contexto, imperioso assinalar o papel da medida provisória como técnica normativa residual que está à serviço do Poder Executivo, para atuações legiferantes excepcionais, marcadas pela urgência e relevância, uma vez que não faz parte do núcleo funcional desse Poder a atividade legislativa.

8. É vedada reedição de MP que tenha sido revogada, perdido sua eficácia ou rejeitada pelo Presidente da República na mesma sessão legislativa. Interpretação do §10 do art. 62 da Constituição Federal. (Brasil, 2019)

Portanto, em razão de seus critérios de urgência e relevância para tratar, às pressas, de determinado assunto cujo trâmite legislativo ordinário o chefe do Poder Executivo não possa aguardar e, ainda, da imediatabilidade de seus efeitos jurídicos, é imperiosa a necessidade de evidenciar o caráter transitório e precário da MP, bem como suas respectivas regras de elaboração e transformação em lei propriamente dita.

Medida provisória

Figura 6.1 – Processo legislativo especial da MP

Art. 62 da CF/1988

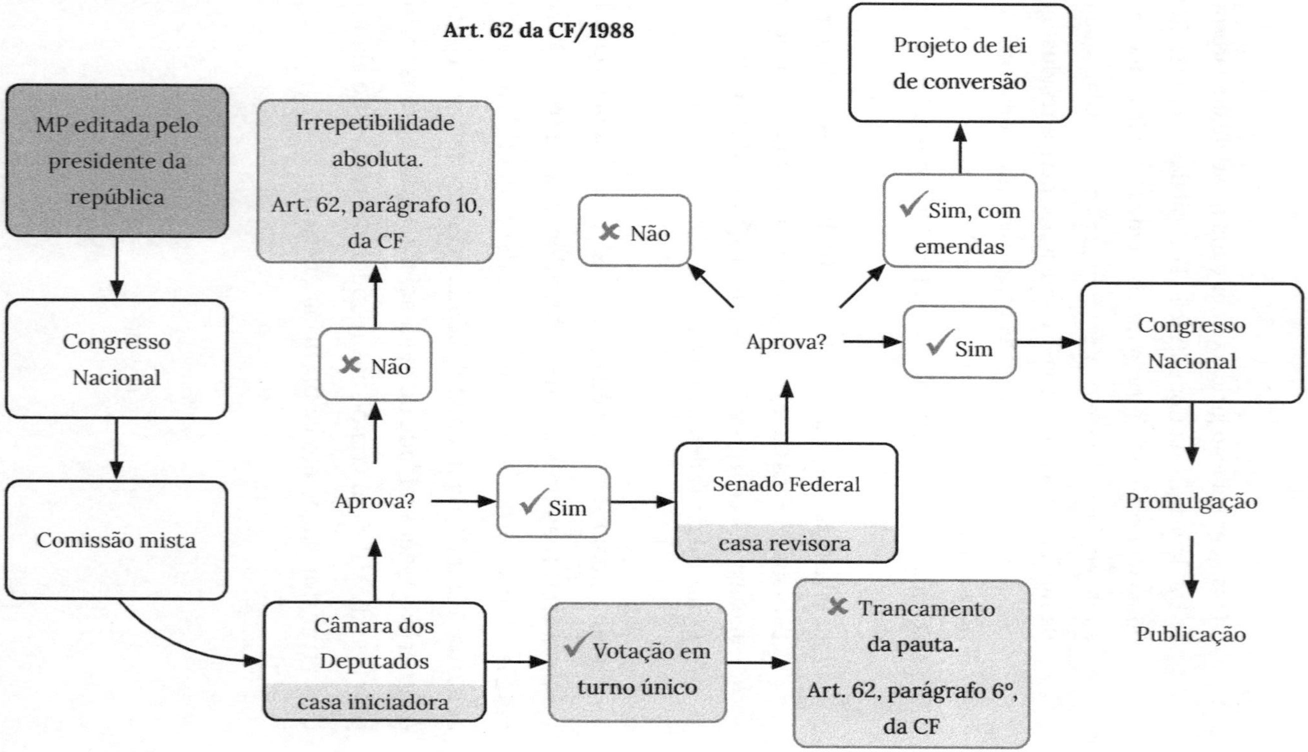

- MP editada pelo presidente da república → Congresso Nacional → Comissão mista → Câmara dos Deputados (casa iniciadora)
- Câmara dos Deputados — Aprova?
  - Não → Irrepetibilidade absoluta. Art. 62, parágrafo 10, da CF
  - Sim → Senado Federal (casa revisora)
  - Votação em turno único → Trancamento da pauta. Art. 62, parágrafo 6º, da CF
- Senado Federal — Aprova?
  - Não
  - Sim, com emendas → Projeto de lei de conversão
  - Sim → Congresso Nacional → Promulgação → Publicação

– 168 –

Capítulo 7

Decretos legislativos

Os decretos legislativos são atos normativos primários que têm a finalidade de referendar atos presidenciais. Sua matéria é de competência exclusiva do Congresso Nacional e eles veiculam, preferencialmente, assuntos de caráter genérico. O rito de seu processo de elaboração é estabelecido pelos regimentos internos das casas legislativas, sendo semelhante ao da lei ordinária.

> Art. 49. É da competência exclusiva do Congresso Nacional:
> I – resolver definitivamente sobre tratados, acordos ou atos internacionais que acarretem encargos ou compromissos gravosos ao patrimônio nacional;
> [...]
> V – sustar os atos normativos do Poder Executivo que exorbitem do poder regulamentar ou dos limites de delegação legislativa; (Brasil, 1988)

Outro exemplo de atuação do Congresso Nacional por meio de decreto legislativo é diante da necessidade de disciplinar as relações jurídicas decorrentes do período em que esteve vigente medida provisória não convertida em lei, até findarem seus respectivos efeitos.

> Art. 62. Em caso de relevância e urgência, o Presidente da República poderá adotar medidas provisórias, com força de lei, devendo submetê-las de imediato ao Congresso Nacional.
> [...]

§ 3º As medidas provisórias, ressalvado o disposto nos §§ 11 e 12 perderão eficácia, desde a edição, se não forem convertidas em lei no prazo de sessenta dias, prorrogável, nos termos do § 7º, uma vez por igual período, devendo o Congresso Nacional disciplinar, por decreto legislativo, as relações jurídicas delas decorrentes. (Brasil, 1988)

— 7.1 —
Processo legislativo especial do decreto legislativo

A **fase da iniciativa** do decreto legislativo pode ocorrer pela mesa das casas legislativas, por qualquer comissão ou por parlamentar tanto da Câmara dos Deputados quanto do Senado Federal.

Durante a **fase constitutiva**, a regra é a tramitação bicameral. Portanto, "o decreto legislativo é votado (deliberado) na Câmara e no Senado. Certo é que a deliberação (dependendo de disposição regimental) também pode ser do Congresso Nacional em sessão conjunta" (Fernandes, 2010, p. 704). A aprovação dos decretos legislativos é feita pelo voto favorável do quórum de maioria simples.

Por fim, na **fase complementar**, a promulgação e a publicação são feitas pelo presidente do Senado Federal, conforme estabelece seu Regimento Interno: "Art. 48. Ao Presidente compete: [...] XXVIII – promulgar as resoluções do Senado e os decretos legislativos" (Brasil, 2018, p. 32).

Conclui-se, então, que o chefe do Poder Executivo não participa do processo legislativo especial de elaboração do decreto legislativo por meio de sanção ou veto, tampouco na fase complementar pela promulgação e pela publicação. A edição desse ato normativo é de competência exclusiva do Congresso Nacional.

Capítulo 8

Resoluções

As resoluções são de competência exclusiva dos órgãos legislativos (Congresso Nacional, Câmara dos Deputados e Senado Federal), tanto nos aspectos político-legislativos quanto nas questões administrativas. No que se refere a esses atos normativos, de matéria residual, é necessário recorrer aos regimentos internos da Câmara dos Deputados e do Senado Federal, os quais estabelecem normas para sua elaboração, pois "a resolução é circunscrita às questões de interesse interno, político ou administrativo, das Casas Legislativas" (Moraes, 2020, p. 514).

Dessa forma, a resolução pode figurar como **ato político**, por exemplo, ao referendar nomeações, conforme termos da Constituição Federal (CF):

> Art. 52. Compete privativamente ao Senado Federal:
>
> [...]
>
> III – aprovar previamente, por voto secreto, após arguição pública, a escolha de:
>
> a) Magistrados, nos casos estabelecidos nesta Constituição;
>
> b) Ministros do Tribunal de Contas da União indicados pelo Presidente da República;
>
> c) Governador de Território;
>
> d) Presidente e diretores do banco central;
>
> e) Procurador-Geral da República;
>
> f) titulares de outros cargos que a lei determinar. (Brasil, 1988)

Também pode constituir **ato de coparticipação na função judiciária** quando "suspender a execução, no todo ou em parte, de lei declarada inconstitucional por decisão definitiva do Supremo Tribunal Federal [STF]" (Brasil, 1988, art. 52, X).

É possível, ainda, que represente **ato de condição da função legislativa**, como no caso em que o Congresso Nacional autoriza o presidente da república a elaborar lei delegada. De acordo com a CF:

> Art. 68. As leis delegadas serão elaboradas pelo Presidente da República, que deverá solicitar a delegação ao Congresso Nacional.
>
> [...]
>
> § 2º A delegação ao Presidente da República terá a forma de resolução do Congresso Nacional, que especificará seu conteúdo e os termos de seu exercício. (Brasil, 1988)

Por fim, pode figurar como **ato deliberativo**, fixando alíquota de imposto ou, excepcionalmente, expressando efeitos externos às casas legislativas, como consta na CF:

> Art. 51. Compete privativamente à Câmara dos Deputados:
> I – autorizar, por dois terços de seus membros, a instauração de processo contra o Presidente e o Vice-Presidente da República e os Ministros de Estado;
>
> [...]

Art. 52. Compete privativamente ao Senado Federal:

I – processar e julgar o Presidente e o Vice-Presidente da República nos crimes de responsabilidade, bem como os Ministros de Estado e os Comandantes da Marinha, do Exército e da Aeronáutica nos crimes da mesma natureza conexos com aqueles;

II – processar e julgar os Ministros do Supremo Tribunal Federal, os membros do Conselho Nacional de Justiça e do Conselho Nacional do Ministério Público, o Procurador-Geral da República e o Advogado-Geral da União nos crimes de responsabilidade;

[...]

X – suspender a execução, no todo ou em parte, de lei declarada inconstitucional por decisão definitiva do Supremo Tribunal Federal. (Brasil, 1988)

— 8.1 —
Processo legislativo especial da resolução

O processo legislativo especial de elaboração da resolução é diferente apenas no Congresso Nacional, na Câmara dos Deputados e no Senado Federal.

Desse modo, se o processo legislativo em comento for para a elaboração de **resolução do Congresso Nacional** (fase inicial), a iniciativa para a proposição de projeto de resolução será de deputados, comissões de deputados, mesa da Câmara dos

Deputados, senadores, comissões de senadores, mesa do Senado Federal, comissão do Congresso Nacional e mesa do Congresso Nacional. A fase complementar, em regra, segue a tramitação bicameral, sendo votada na Câmara dos Deputados e no Senado Federal. Todavia, pode ser editada por meio de votação unicameral pelo Congresso Nacional. Por fim, na fase complementar, a promulgação e a publicação são realizadas pelo presidente do Congresso Nacional.

Porém, somente no processo legislativo especial voltado à elaboração de **resolução da Câmara dos Deputados** ou do **Senado Federal**, o trâmite é o mesmo da resolução do Senado, limitando-se à respectiva casa legislativa que estiver procedendo à edição do ato.

Considerações finais

O devido processo legislativo não tem apenas a finalidade de reger a produção normativa do sistema de justiça brasileiro, das relações jurídicas, dos negócios jurídicos e da atuação do Poder Público; ele não serve apenas para conduzir a inovação do ordenamento jurídico por meio do exercício da atividade legiferante. A promoção do novo direito não deve apenas basear-se nas premissas de promoção do Estado Democrático de Direito como também garanti-las.

Isso porque, assim como a sociedade, o direito também passa por mudanças. Ora surge para tão somente positivar costumes preexistentes consolidados ao longo do tempo; ora surge para estabelecer limites, regular condutas, definir regras. Por essa razão, nem à Constituição Federal (CF) pode ser imposta rigidez extrema a ponto de impedir esse fluxo inevitável.

Todavia, é imperiosa a necessidade de regras procedimentais voltadas à produção legislativa, pois apenas elas são capazes de evitar a instabilidade jurídica do agir ilimitado do poder. Poder do soberano, do presidente da república, do Parlamento, da economia, das bancadas legislativas, de uma minoria etc. É por meio do processo legislativo que se torna possível a garantia dos direitos conquistados no passado e a previsibilidade próxima da normatividade futura.

Assim, ao longo desta obra, abordamos os atos normativos primários, que informam o ordenamento jurídico pátrio e seus respectivos processos legislativos, ou seja, as regras que estabelecem a produção de cada um deles de acordo com a CF.

No primeiro capítulo, traçamos noções gerais acerca dessas espécies normativas cuja previsão encontra respaldo na própria Carta Magna, bem como estabelecemos as diferentes possibilidades de processo legislativo que devem e podem ser adotados na prática, para a formação de cada um desses atos normativos primários.

Firmadas tais diretrizes, no segundo capítulo, abordamos com mais profundidade as respectivas características formais e materiais das leis complementares e das leis ordinárias, com todas as especificidades e diferenças de seus processos legislativos.

No terceiro capítulo, analisamos a proposta de emenda constitucional, seus limites e processo legislativo especial. Seguindo essa lógica de norma constitucional, no quarto capítulo, discorremos sobre tratados internacionais de direitos humanos e tratados internacionais comuns, que, de acordo com a matéria e o rito processual adotado para recepção do ordenamento jurídico pátrio, têm diferente disposição de força hierárquica entre as demais formas jurídicas brasileiras.

No quinto capítulo, tratamos da lei delegada e de suas formas de delegação (típica e atípica).

No sexto capítulo, contemplamos as medidas provisórias, seus limites materiais e formais e o processo legislativo especial.

No sétimo capítulo, verificamos os decretos legislativos e seu respectivo processo legislativo especial, bem como diversos exemplos de sua utilização na prática.

Por fim, no oitavo capítulo, versamos sobre as resoluções e seu respectivo processo legislativo especial de elaboração.

Os conteúdos aqui abordados são as premissas fundamentais da democracia e da separação e harmonia dos poderes da União, por meio do exercício de funções típicas e atípicas, da pluralidade jurídica e da soberania popular.

Desejamos que a compreensão desses temas e o acompanhamento constante das decisões do Supremo Tribunal Federal (STF) acerca da constitucionalidade ou inconstitucionalidade das normas garanta a você, leitor, uma bagagem teórica da atividade legiferante e um olhar crítico sobre as ferramentas e a atuação de cada partícipe que consubstancia a formação das leis no ordenamento jurídico pátrio.

Lista de siglas

ADC – ação direta de constitucionalidade
ADI – ação direta de inconstitucionalidade
ADPF – arguição de descumprimento de preceito fundamental
CF – Constituição Federal
LDO – Lei de Diretrizes Orçamentárias
LOA – Lei Orçamentária Anual
MP – medida provisória
PEC – proposta de emenda constitucional
PPA – Plano Plurianual
STF – Supremo Tribunal Federal

Referências

ALBERTO, T. G. P. **Teoria do direito**: uma abordagem não convencional. Curitiba: InterSaberes, 2020. (Série Elementos Básicos do Direito).

BARCELLOS, A. P. de. **Curso de direito constitucional**. 3. ed. Rio de Janeiro: Forense, 2020.

BRASIL. Câmara dos Deputados. Mensagem n. 571, de 8 de setembro de 1993. **Portal da Câmara dos Deputados**, Poder Executivo, Brasília, DF, 30 set. 1993a. Disponível em: <https://www.camara.leg.br/proposicoesWeb/prop_mostrarintegra;jsessionid=DED5F350D92AC6E2B51050F02B143254.proposicoesWebExterno1?codteor=1138635&filename=Dossie+-PL+4146/1993>. Acesso em: 20 maio 2021.

BRASIL. Câmara dos Deputados. Regimento Interno da Câmara dos Deputados. **Centro de Documentação e Informação da Câmara dos Deputados**, Brasília, DF, 21 set. 1989a. Disponível em: <https://www.camara.leg.br/internet/legislacao/regimento_interno/RIpdf/regInterno.pdf>. Acesso em: 21 maio 2021.

BRASIL. Congresso Nacional. Resolução n. 1, de 2 de maio de 1989. **Diário do Congresso Nacional**, Brasília, DF, 3 maio 1989b. Disponível em: <https://www2.camara.leg.br/legin/fed/rescon/1989/resolucao-1-2-maio-1989-541500-publicacaooriginal-45886-pl.html>. Acesso em: 21 maio 2021.

BRASIL. Congresso Nacional. Resolução n. 1, de 8 maio de 2002. **Diário Oficial da União**, Poder Legislativo, Brasília, DF, 9 maio. 2002. Disponível em: <https://www2.camara.leg.br/legin/fed/rescon/2002/resolucao-1-8-maio-2002-497942-normaatualizada-pl.html>. Acesso em: 21 maio 2021.

BRASIL. Constituição (1988). **Diário Oficial da União**, Poder Legislativo, Brasília, DF, 5 out. 1988. Disponível em: <http://www.planalto.gov.br/ccivil_03/constituicao/ConstituicaoCompilado.htm>. Acesso em: 13 maio 2021.

BRASIL. Decreto n. 6.949, de 25 de agosto de 2009. **Diário Oficial da União**, Poder Executivo, Brasília, DF, 26 ago. 2009a. Disponível em: <http://www.planalto.gov.br/ccivil_03/_ato2007-2010/2009/decreto/d6949.htm>. Acesso em: 24 maio 2021.

BRASIL. Decreto-Lei n. 4.657, de 4 de setembro de 1942. **Diário Oficial da União**, Poder Executivo, Rio de Janeiro, RJ, 8 out. 1942. Disponível em: <http://www.planalto.gov.br/ccivil_03/decreto-lei/del4657compilado.htm>. Acesso em: 24 maio 2021.

BRASIL. Emenda Constitucional n. 45, de 30 de dezembro de 2004. **Diário Oficial da União**, Poder Legislativo, Brasília, DF, 31 dez. 2004. Disponível em: <http://www.planalto.gov.br/ccivil_03/constituicao/emendas/emc/emc45.htm>. Acesso em: 24 maio 2021.

BRASIL. Lei n. 8.072, de 25 de julho de 1990. **Diário Oficial da União**, Poder Legislativo, Brasília, DF, 26 jul. 1990. Disponível em:<http://www.planalto.gov.br/ccivil_03/leis/l8072.htm>. Acesso em: 18 maio 2021.

BRASIL. Lei n. 8.216, de 13 de agosto de 1991. **Diário Oficial da União**, Poder Executivo, Brasília, DF, 15 ago. 1991a. Disponível em: <http://www.planalto.gov.br/ccivil_03/leis/L8216.htm>. Acesso em: 24 maio 2021.

BRASIL. Lei n. 8.930, de 6 de setembro de 1994. **Diário Oficial da União**, Poder Executivo, Brasília, DF, 7 set. 1994a. Disponível em: <http://www.planalto.gov.br/ccivil_03/leis/l8930.htm>. Acesso em: 18 maio 2021.

BRASIL. Lei n. 9.709, de 18 de novembro de 1998. **Diário Oficial da União**, Brasília, DF, 19 nov. 1998. Disponível em: <http://www.planalto.gov.br/ccivil_03/leis/l9709.htm>. Acesso em: 18 maio 2021.

BRASIL. Senado Federal. Regimento interno. v. 1. **Diário do Senado Federal**, Brasília, DF, ano LXXIII, n. 161, sup. E, 22 de dezembro de 2018. Disponível em: <https://legis.senado.leg.br/diarios/ver/21632?sequencia=1>. Acesso em: 20 maio 2021.

BRASIL. Supremo Tribunal Federal. Ação direta de inconstitucionalidade n. 221-0 DF, julgada em 16 de setembro de 1993. Relator: Min. Moreira Alves. **Diário da Justiça**, Brasília, DF, 22 out. 1993b. Disponível em: <http://redir.stf.jus.br/paginadorpub/paginador.jsp?docTP=AC&docID=266254>. Acesso em: 21 maio 2021.

BRASIL. Supremo Tribunal Federal. Ação Direta de Inconstitucionalidade n. 293-7/600 DF, julgada em 6 de junho de 1990. Relator: Min. Celso de Mello. **Diário da Justiça**, Brasília, DF, 16 abr. 1993c. Disponível em: <http://redir.stf.jus.br/paginadorpub/paginador.jsp?docTP=AC&docID=346295>. Acesso em: 21 maio 2021.

BRASIL. Supremo Tribunal Federal. Ação direta de inconstitucionalidade n. 400-0 DF, julgada em 22 de novembro de 1990. Relator: Min. Carlos Velloso. **Diário da Justiça**, Brasília, DF, 8 fev. 1991b. Disponível em: <http://redir.stf.jus.br/paginadorpub/paginador.jsp?docTP=AC&docID=346359>. Acesso em: 21 maio 2021.

BRASIL. Supremo Tribunal Federal. Ação direta de inconstitucionalidade n. 574 DF, julgada em 3 de junho de 1993. Relator: Min. Ilmar Galvão. **Diário da Justiça**, Brasília, DF. 11 mar. 1994b. Disponível em: <http://redir.stf.jus.br/paginadorpub/paginador.jsp?docTP=AC&docID=266422>. Acesso em: 24 maio 2021.

BRASIL. Supremo Tribunal Federal. Ação direta de inconstitucionalidade n. 700-9 RJ, julgada em 23 de maio 2001. Relator: Min. Maurício Corrêa. **Diário da Justiça**, Brasília, DF, 24 ago. 2001. Disponível em: <http://redir.stf.jus.br/paginadorpub/paginador.jsp?docTP=AC&docID=266499>. Acesso em: 24 maio 2021.

BRASIL. Supremo Tribunal Federal. Ação direta de inconstitucionalidade n. 789-1 DF, julgada em 26 de maio 1994. Relator: Min. Celso de Mello. **Diário da Justiça**, Brasília, DF, 19 dez. 1994c. Disponível em: <http://redir.stf.jus.br/paginadorpub/paginador.jsp?docTP=AC&docID=266534>. Acesso em: 24 maio 2021.

BRASIL. Supremo Tribunal Federal. Ação direta de inconstitucionalidade n. 1.197 RO, julgada em 18 de maio de 2017. Relator: Min. Celso de Mello. **Diário da Justiça**, Brasília, DF, 31 maio. 2017. Disponível em: <http://redir.stf.jus.br/paginadorpub/paginador.jsp?docTP=TP&docID=12977109>. Acesso em: 24 maio 2021.

BRASIL. Supremo Tribunal Federal. Ação direta de inconstitucionalidade n. 1.610-5 UF, julgada em 28 de maio de 1997. Relator: Min. Sydney Sanches. **Diário da Justiça**, Brasília, DF, 21 nov. 1997a. Disponível em: <https://redir.stf.jus.br/paginadorpub/paginador.jsp?docTP=AC&docID=347158>. Acesso em: 24 maio 2021.

BRASIL. Supremo Tribunal Federal. Ação direta de inconstitucionalidade n. 2.800 RS, julgada em 17 de março de 2011. Relator: Min. Maurício Corrêa. **Diário da Justiça**, Brasília, DF, 17 maio 2011. Disponível em: <https://redir.stf.jus.br/paginadorpub/paginador.jsp?docTP=AC&docID=623030>. Acesso em: 21 maio 2021.

BRASIL. Supremo Tribunal Federal. Ação direta de inconstitucionalidade n. 4.425 DF, julgada em 14 de março de 2013. Relator: Min. Ayres Britto. **Diário da Justiça**, Brasília, DF, 19 dez. 2013. Disponível em: <http://redir.stf.jus.br/paginadorpub/paginador.jsp?docTP=TP&docID=5067184>. Acesso em: 24 maio 2021;

BRASIL. Supremo Tribunal Federal. Ação direta de inconstitucionalidade n. 5.127 DF, julgada em 15 de outubro de 2015. Relatora: Min. Rosa Weber. **Diário da Justiça**, Brasília, DF, 11 maio. 2016a. Disponível em: <https://redir.stf.jus.br/paginadorpub/paginador.jsp?docTP=TP&docID=10931367>. Acesso em: 24 maio 2021.

BRASIL. Supremo Tribunal Federal. Ação direta de inconstitucionalidade n. 5.709 DF, julgada em 27 de março de 2019. Relatora: Min. Rosa Weber. **Diário da Justiça**, Brasília, DF, 28 jun. 2019. Disponível em: <https://redir.stf.jus.br/paginadorpub/paginador.jsp?docTP=TP&docID=750209316>. Acesso em: 24 maio 2021.

BRASIL. Supremo Tribunal Federal. Habeas corpus n. 88.240 SP, julgado em 7 de outubro de 2008. Relatora: Min. Ellen Gracie. **Diário da Justiça**, 24 out. 2008. Disponível em: <http://redir.stf.jus.br/paginadorpub/paginador.jsp?docTP=AC&docID=557269>. Acesso em: 24 maio 2021.

BRASIL. Supremo Tribunal Federal. Mandado de segurança n. 22.503-3 DF, julgado em 8 de maio de 1996. Relator: Min. Marco Aurélio. **Diário da Justiça**, Brasília, DF, 6 jun. 1997b. Disponível em: <http://redir.stf.jus.br/paginadorpub/paginador.jsp?docTP=AC&docID=85766>. Acesso em: 18 maio 2021.

BRASIL. Supremo Tribunal Federal. Recurso extraordinário n. 466.343-1 SP, julgado em 3 de dezembro de 2008. Relator: Min. Cezar Peluso. **Diário da Justiça**, 5 jun. 2009b. Disponível em: <https://redir.stf.jus.br/paginadorpub/paginador.jsp?docTP=AC&docID=595444>. Acesso em: 24 maio 2021.

BRASIL. Supremo Tribunal Federal. Repercussão geral no recurso extraordinário com agravo n. 878.911 RJ, julgado em 29 de setembro de 2016. Relator: Min. Gilmar Mendes. **Diário da Justiça**, Brasília, DF, 11 out. 2016b. Disponível em: <http://redir.stf.jus.br/paginadorpub/paginador.jsp?docTP=TP&docID=11828222>. Acesso em: 21 maio 2021.

BRASIL. Supremo Tribunal Federal. Súmula n. 5, de 13 de dezembro de 1963. **Súmula da Jurisprudência Predominante do Supremo Tribunal Federal** – Anexo ao Regimento Interno, 1964, p. 34. Disponível em: <https://jurisprudencia.stf.jus.br/pages/search/seq-sumula5/false>. Acesso em: 24 maio 2021.

BULOS, U. L. **Curso de direito constitucional**. 11. ed. São Paulo: Saraiva, 2018.

BULOS, U. L. **Direito constitucional ao alcance de todos**. 2. ed. rev. e atual. São Paulo: Saraiva, 2010.

CUNHA JÚNIOR, D. da. **Curso de direito constitucional**. 2. ed. rev., ampl. e atual. Salvador: Juspodivm, 2008.

FERNANDES, B. G. **Curso de direito constitucional**. Rio de Janeiro: Lumen Juris, 2010.

LENZA, P. **Direito constitucional esquematizado**. 17. ed. rev., atual. e ampl. São Paulo: Saraiva, 2013.

MENDES, G. F.; BRANCO, P. G. G. **Curso de direito constitucional**. 13 ed. rev. e atual. São Paulo: Saraiva, 2018. (Série IDP).

MOTTA, S. **Direito constitucional**: teoria, jurisprudência e questões. 28. ed. São Paulo: Método, 2019.

NERY JUNIOR, N.; ABBOUD, G. **Direito constitucional brasileiro**: curso completo. São Paulo: Revista dos Tribunais, 2017.

PADILHA, R. **Direito constitucional**. 6. ed. Rio de Janeiro: Forense, 2020.

SARLET, I. W.; MITIDIERO, D.; MARINONI, L. G. **Curso de direito constitucional**. 9. ed. São Paulo: Saraiva, 2020.

SENADO NOTÍCIAS. **Quórum de votação**. Disponível em: <https://www12.senado.leg.br/noticias/glossario-legislativo/quorum-de-votacao>. Acesso em: 21 maio 2021.

SILVA, J. A. da. **Comentário contextual à Constituição**. 9. ed. São Paulo: Malheiros, 2014.

SILVA NETO, M. J. e. **Curso de direito constitucional**. 6. ed. Rio de Janeiro: Lumen Juris, 2010.

VENOSA, S. de S. **Introdução ao estudo do direito**. 6. ed. São Paulo: Atlas, 2019.

Sobre a autora

Tiemi Saito é doutoranda em Educação e Novas Tecnologias pelo Centro Universitário Internacional Uninter; mestra em Direito na área de Poder, Estado e Jurisdição pela mesma instituição; e bacharela em Direito pelas Faculdades Opet. Especialista em Criminologia e Política Criminal pelo Instituto de Criminologia e Política Criminal, em Direito Público pela Escola da Magistratura Federal, e em Formação Docente para EaD pelo Centro Universitário Internacional Uninter. Atua como professora de Direito Constitucional, Direito Penal, Direito Processual Penal e Criminologia.

E-mail: tiemiadvocacia@gmail.com.

Os papéis utilizados neste livro, certificados por instituições ambientais competentes, são recicláveis, provenientes de fontes renováveis e, portanto, um meio responsável e natural de informação e conhecimento.

MISTO
Papel | Apoiando o manejo florestal responsável
FSC® C103535

Impressão: Reproset